NACIDAS FEMINISTAS

Bruxabona (Reis A. Peláez)

Serendipia

© 2024, Reyes Carmen Aparicio Peláez
© 2024, Serendipia Editorial

Una edición de:
Serendipia Editorial

Diseño y maquetación:
Las Ideas del Ático

ISBN: 978-84-19793-80-5

Depósito legal:
CR 916-2024

Impreso en la Unión Europea

Bruxabona
Reis A. Peláez

www.bruxabona.com

A todas las mujeres que llenaron de letras mis sueños.

Índice

Prólogo

Las feministas conocemos como *síndrome de la impostora* el fenómeno según el cual las mujeres cargamos con una gran inseguridad a la hora de aportar algo a cualquiera de los mundos dominados por el androcentrismo imperante durante milenios: desde el arte a la ciencia, pasando por cualquier actividad manual, por ingenua que parezca.

Esa es la razón por la que muchas mujeres, como yo, a pesar de haber sentido la llamada de la creación desde alguna de sus ventanas, la escritura en mi caso, hemos vivido constreñidas por ese corsé patriarcal del "*tú no vales*" que nos frena y refrena durante toda nuestra vida; hasta que un día decimos "*basta*" y, entonces, ocurre otro fenómeno bastante más común de lo que parece: mujeres que llegan a la escritura, el cine, la pintura e incluso la empresa, alcanzada ya una edad en la que cualquier hombre lleva una vida acomodado en su amor estético o profesional.

Desde ese tardío balcón del silencio social quiero cantar al mundo en qué jardín crece la flor de la impostora, quién la riega y quién la recolecta en su beneficio. Quiero enseñar las marcas invisibles para la opinión pública que señalan, casi con un terrorífico determinismo naturalista, los pasos que sustentan todas las desigualdades que asolan la humanidad. Y, con todo ello, me gustaría que la lectura de estos atrevimientos modificara, al menos en lo básico, los cimientos ideológicos de algunas personas o rearmara los de otras.

Sin huir de la emoción, tan imposible de eludir cuando con la palabra se quiere también deleitar, no quisiera yo caer en el tan manido populismo de nuestros días. Mi deseo es que estas letras no se aparten de su herencia materialista y científica y que sea la razón, madre de casi cuatro siglos de camino hacia la igualdad, la que guíe mi buen hacer y mejor decir.

No es la originalidad, ni la estricta academia la base ni la meta de estos delirios; como tampoco será el puro lirismo el fin último de mis intentos literarios. Es por ello que no habrá un extenso y pormenorizado aporte bibliográfico o webgráfico que acompañe esta osadía escrita mía — sí constataré, por respeto y con cita adecuada, aquellas maestras o autoridades que mencione, no teman— y también por ello, además, cargaré en estas armas sino toda, parte de la munición ya disparada con anterioridad en mi web, con las modificaciones que considere necesarias o tal cual fueron vomitadas en su día.

Sin más, entremos en el oscuro mundo de la vida de toda mujer en la Tierra. *Welcome to my mind.*

En una ocasión tan ruda[1]

«Qué»

El once de septiembre podría ser mi cumpleaños. Es uno de mis nacimientos: once de septiembre de 1994. No es el único, obviamente, pero sí uno de los más fructíferos. He decidido de manera unilateral, como siempre ha de ser, huir de celebrar el veinticuatro de enero, fecha en la que mi madre me parió, allá en 1970; fatídico día ese en el que mi sexo me predestinó a una vida determinada por la opresión y la sumisión; aunque puede ser que ese determinismo ya estuviera registrado pues , en una época en que el acceso a la tecnología que podía dar a conocer el sexo del feto no estaba al alcance de todas, ni se sospechaba cuál sería mi sexo antes de nacer, crecí oyendo cuánto había pedido a su dios la que me dio la vida que mi sexo fuera el otro y no el que me tocó, con lo cual, la posibilidad de ser niña ya estaba previamente maldita.

El once de septiembre de 1994 fue el día en que por fin tuve mi habitación propia. Aunque en el sentido literal del dicho esto faltaría a la verdad pues , si bien a partir de los

---

1.- Hernández, José: *El gaucho Martín Fierro*

siete años gocé en la casa en la que crecí de un dormitorio para mí sola, en ningún caso supuso esta circunstancia, ni mucho menos, el rincón de libertad al que se refería la gran Virginia Woolf. Aquel mes de fin de verano, agotada la prórroga que le había pedido a mi familia un año antes, cuando me habían dado a elegir entre el sometimiento absoluto a las exigencias patriarcales a las que me había negado desde hacía más de una década o solventarme yo por mi cuenta propia lo único que me proporcionaban desde los dieciocho años (alimento y techo)comenzó el dulce camino de la manumisión de algunas de las muchas férreas cadenas en las que nos envuelve el sistema opresor a las mujeres desde que nacemos: la familia.

Ha habido otras fechas de nacimiento también memorables, como el tres de octubre de 1988, comienzo de las clases en la santa casa que me acercó un poco más al cielo de la dignidad humana que la sociedad lleva milenios vetando a las mujeres. Fue también este hecho parte del divorcio largo y paulatino, como toda lucha feminista, de mi familia de origen. Mi atrevimiento a desoír todas las voces de algunos varones de mi familia, unidas como en pocas ocasiones, emitidas directamente o a través de la boca de mi madre y filtradas por el resonador silencio atronador de otros miembros sobre la insistencia en que no cursara estudios superiores, sin ningún otro argumento que el "tú no vas a poder", contrario a la realidad material de mis resultados académicos hasta el momento, supuso el inicio de una de las más cruentas batallas que tuve que lidiar en la guerra personal contra quienes se suponía que debían protegerme y quererme.

A estos nacimientos, fruto de una lucha liberadora que gesté durante mi infancia y adolescencia, llegué tras un arduo camino de espinos que volvía a surgir en la senda de baldosas violetas de vez en cuando, y así me lo recordé a mí misma en este maravilloso momento de autoconversación que no puedo llamar monólogo:

Calle abierta[2]

Esta es la historia de todas

Miras las gotas de lluvia empapar el cristal tenazmente y disfrutas esa imagen igual que cuando eras aún una niña, dañada, pero no tanto. Eran esos pequeños momentos de paz que te permitía la vida para poder respirar.

Es Navidad. Recuerdas todas y cada una de las pasadas, pero no como Dickens la dibujó, sino como la peor de las realidades, la que le corresponde a la mitad de la humanidad. Recuerdas los gritos, los insultos y las ridiculizaciones tuyas y de tu madre cuando el alcohol empezaba a hacer efecto en los miembros masculinos de la manada; te acuerdas de la tensión, los regalos no deseados, las tardes y noches enteras sin probar bocado sirviendo, fregando y recogiendo... Tienes aún presentes, de un lado, tanto la sensación de vacío al abandonar el centro educativo el último día de clase antes de vacaciones y el deseo feroz de que todo pasara como una pesadilla como, por otra parte, la dulce y buena envidia de las compañeras que pintaban sus Navidades también en una cocina, pero rodeadas de otras mujeres y risas y fiestas...

También puedes rememorar cómo luego llegó poco a poco la adultez con paso suave y silencioso y seguías sin poder librarte del infierno navideño, pero con la gran fortuna de poder reducirlo a esos pocos momentos menos evitables, de modo que quedaba todo en un pequeño paréntesis en una vida más plena... Cierto es que, aún así, aquellas noches de disfrute de los varones y trabajo desmesurado de las esclavas seguían terminando en tragedia, con alguna loable excepción insignificante.

2.- https://bruxabona.com/2021/12/26/calle-abierta/

Con el tiempo has logrado entender que, por todo ello, no era de extrañar que,cuando el narcisista te captó tú ya estabas preparada para no ver ni entender ese otro maltrato que llegaba a tu vida adornado y vestido con las galas del amor romántico y te envolvió y atrapó como una niebla tenebrosa y tóxica para seguir tiñendo de amargura esas fiestas que esta sociedad decadente y dañina para las mujeres siempre vende como momento mágico; esas fechas que solo son eso para la mitad privilegiada que vive encantada de dejarse servir estos días... Y en otro lugar y otra vida volvieron las lágrimas, el miedo, el deseo de volver enseguida a trabajar y alejarse de la celebración patriarcal más abominable que conocías; lágrimas y miedos diferentes, ramas distintas del mismo árbol, frutos venenosos de la misma raíz.

Pero hoy sonríes ante el cristal mojado y giras tu mirada hacia una pequeña maleta a medio hacer. En breve, subirás al coche para pasar la Navidad con el amor verdadero de tu vida: tus amigas. Esta noche no vas a servir, sino que te dejarás cuidar y reirás mientras, con un buen corte de manga, dices adiós al espíritu de las Navidades pasadas. Hoy vuelas libre porque el feminismo te salvó la vida y te ayudó a dejar atrás la mochila de granadas a punto de explotar con la que el patriarcado cargó tu espalda. Hoy ya no tiemblas, ya no quieres cerrar los ojos y que hayan terminado las fiestas. Hoy vas a vivir para seguir luchando para que, por fin, también en Navidad, haya paz para todas las mujeres del mundo.

En lo que se refiere a ese continuo nadar hacia arriba a lo largo de mi vida, debo decir que las razones por las que mi alma albergó aquella ansia de romper las puertas desde mis más tiernos inicios serán, muy posiblemente, un misterio por el resto de mis días. Sin embargo, al análisis de las consecuencias derivadas de tal ímpetu llevo dedicada toda mi vida y sus resultados a modo de hipótesis, teorías y conclusiones llenarán estas páginas floreciendo en un orden oculto bajo el caos de la delicia creativa del buen compartir sin más.

Además, por lo que respecta a esa aritmética de los días, suman mucho más que restan, porque hace tiempo que ya andan los oros, los lirios y los claveles truncados en viola y plata, por más que los pinceles del género luchen por un engaño absurdo del que es tan difícil escaparse.

Así que toca registrar, constatar y dar fe de las vueltas de carrusel que el último medio siglo da a una humanidad que juega con goma elástica al avance y retroceso con golpes certeros que nos dejan noqueadas con más frecuencia de lo que querríamos.

En nuestro mausoleo cerebral donde se guardan las historias hay unas casillas cerradas que nos incitan siempre a empezar por el principio, pleonasmo que, cuando se trata de narratología deja de serlo.

Consecuentemente, la anécdota fática con la que quiero encomendarme a las musas tiene mucho que ver con ese principio de todas las cosas. En abril de 1999 yo ya había ingresado en el mundo laboral por la puerta grande, pero mi cordón umbilical universitario aún permanecía férreo. En la Universidad de Oviedo, la casa culpable en gran parte de que ahora me estén leyendo, no existía, ni existe un campus universitario que agrupe todas las facultades. En su defecto, la insigne institución bautiza grandilocuentemente con tal honor los múltiples edificios destinados a la guarda y custodia del saber diseminados por la geografía asturiana (Campus de Mieres, Campus de Llamaquique…, aprovechando el topónimo del marco geográfico en el que se inscriben las facultades que allí se localizan) Yo estudié en el que entonces llamaron Campus de Humanidades y que hoy alberga una única facultad, la de Filosofía y Letras, alejada del resto con notoria distancia. En este campus donde alojaron las carreras de letras, que llamábamos de El Milán (debido al nombre popular de los antiguos cuarteles, que anteriormente fueron convento) y que hoy en día se ha convertido en su nombre oficial, durante unos gloriosos años de celebración de la cultura, un grupo de jóvenes entusiastas le regalábamos al campus gran parte de nuestro tiempo en la organización y posterior celebración de unas jornadas bautizadas como Semana Cultural del Campus de Humanidades. En aquellos personales estertores universitarios culturales de 1999 tuvimos la inmensa suerte de contar con la gran dramaturga Paloma Pedrero, que nos brindó una charla y representación tan maravillosa como ella. Yo ya estaba con algo más que un pie fuera de la universidad, como he dicho, pero aún pude no solo conocerla, sino también disfrutar de su aportación a la Semana Cultural. Desde entonces hasta ahora siempre la cito en una genial sentencia que al más retraído le robó una sonrisa y a la más predispuesta le ocasionó amor intelectual incondicional de por vida. Decía Paloma Pedrero que ella era feminista de nacimiento, porque había nacido mujer. Tras esta afirmación nos contaba en aquella charla las condiciones vitales que la habían llevado a desarrollar y hacer suya la ideología feminista casi de manera inevitable. Con esa sencilla pseudoironía sembró, quizá sin saberlo, quizá con pleno conocimiento de causa, los cimientos de mi evolución ideológica como feminista, de crecimiento lento como el bosque autóctono asturiano pero de raíz fuerte y salud de roble.

Si a finales de abril de 1999 alguien me llega a decir que veinticuatro años después afirmaciones del estilo podían suponer que una mujer tuviera que vérselas con la fiscalía, lo habría tildado de agorero, machista y no le hubiera hecho el menor caso. Pero si, además, me dice que sería en nombre del feminismo, le habría arreado un puñetazo en el momento. En fin, esto es materia a tratar en profundidad y se hará, sin que hagan falta más digresiones por el momento.

Lo cierto es que en aquellos años estábamos aún con la resaca de Beijing 95: empezaba entonces a calar en la sociedad el concepto de género y el feminismo estaba dejando de ser, para la opinión pública, una ideología de minorías. Pero esa es otra historia y será contada en su debido momento.

Quiero insistir mucho en que aquella obviedad sarcástica de Paloma Pedrero, como ya he dicho, se convirtió no solo en el haz de luz que transformó mi manera de entender mi situación en el mundo, sino también en la piedra angular de todo el desarrollo posterior de mi pensamiento feminista y en esta posición estoy y lo recuerdo frecuentemente, *verbi gratia:*

Supernutrición feminista[3]
Análisis personal y nada científico del activismo feminista

Los personajes y las historias que aquí se cuentan son inventadas, aunque podamos encontrar situaciones semejantes en la realidad.

Como cada año, pasó el 8 de marzo y las feministas no dormimos, no comimos, ni vivimos prácticamente en los días previos, desbordadas por las preparaciones para la fecha más reivindicativa del año en nuestras ya saturadas agendas. Mucho más en los últimos años, en los que hemos tenido que sumar a nuestra lucha la expulsión del

---

3.- https://bruxabona.com/2022/03/13/supernutricion-feminista/

patriarcado entrista que se persona en forma de activismo generista queer. Este año, durante los preparativos, había una reflexión que me latía y quería darle forma. Tiene que ver con un fenómeno que he observado en lo que se refiere a esta actividad política: independientemente de las individualidades, que siempre van a estar presentes, puedo decir que hay grandes grupos que destacan entre las feministas con las que me he topado en esta actividad frenética. Estamos las que somos de sangre caliente, como yo, somos activistas, al menos en los últimos años; están las feministas de pluma y papel, de tertulia, de café, de pausa de todas las cosas, del vamos despacio..., y luego están las otras, las que inflan el feminismo, no su ego, por las que yo vengo aquí a partir mi lanza. Pero lo peor de todo es que estas formas de hacer feminismo y esos egos que tenemos algunas y nos gusta sacar a pasear de vez en cuando tienden, obviamente, a enfrentarse y a causar no pocas fricciones. Y eso se hace doloroso. Aunque tengo las herramientas para hacerlo, no es mi intención dejar un estudio meticuloso de carácter histórico que justifique estas maneras de hacer feminismo, sino defender aquí y ahora a las otras, de las que quiero hablar.

Es fácil para mí decir, como digo siempre, que soy feminista desde los doce años o parafrasear a Paloma Pedrero diciendo que soy feminista desde que nací, cuando mi actividad más frenética, fuera de mi labor en pro de la coeducación, que llevo casi un cuarto de siglo ejerciendo como docente, se cristalizó en los últimos cuatro años. Más mérito tienen las grandes mujeres que me enseñaron tanto con sus escritos, con su formación y su lucha previa por mis derechos, centrada hoy su actividad en tertulias, cafés, webinars, artículos, podcasts..., aunque a veces esa quietud inherente provoque que el bazo nos haga sufrir desasosiego a algunas con los límites de la paciencia ya superados hace muchos años.

Unas y otras tenemos la fea costumbre, en alguna ocasión, de repartir carnés de feminismo y buscar deméritos en las encumbradas o abrirnos el pecho cuando nuestro ego se ve pinchado por cualquier púa de esos erizos que somos las mujeres como víctimas implícitas, sin excepción, de alguna u otra manera, del terrorismo machista. Pero el feminismo sigue su andadura, a pesar de todo. El feminismo fleta trenes que se abarrotan y para leyes, el feminismo llena las calles y le planta cara al caballo de Troya y poco a poco va ganando la guerra. Y no es gracias a las que blandimos nuestros méritos, libros, carnés o tertulias. Es por ellas, de las que hoy quiero hablar y, sobre todo, a las que hoy quiero decir: GRACIAS.

Hoy vamos a hablar de Mari Carmen, hija de un trabajador de fábrica, de cuando en España había fábricas, y una madre que trabajó un millón de veces más que su marido, aunque nunca cobró un céntimo por ello. Mari Carmen fue muy buena estudiante y vivió una época en que la hija de la obrera fue a la universidad. Tuvo becas, brilló como estudiante y tuvo un novio bueno con un buen trabajo con el que terminó casándose y teniendo hijos. Su marido tiene un buen empleo muy bien remunerado, a pesar de tener menor titulación que ella. Ella también tuvo pronto un empleo por su brillante expediente, pero no tan bien pagado como el de su marido, por eso lo dejó cuando tuvo hijos. Lleva toda su vida entrando y saliendo del mercado laboral y, al ser sus hijos ya mayores, ha logrado un poco de estabilidad. Mari Carmen está extenuada: a su empleo, mal pagado y agotador, se suma la labor de mantenimiento de su casa casi en exclusiva y ahora la atención a su madre, suegro... Ya no recuerda lo que es dormir más de seis horas o comer sentada y relajada. En el 2018 Mari Carmen decidió acudir a la manifestación del 8 de marzo y empezar a leer, escuchar y gritar que la revolución será feminista o no será.

También vamos a hablar de Marisa. Marisa no pudo estudiar. Desde bien pequeña se implicó en el trabajo esclavo de las mujeres en su familia de origen y no encontró mucho tiempo para los estudios. El cariño y el respeto que despertaba entre los suyos tal dedicación era mucho más importante que su posible carrera profesional. Si bien es cierto que no se le daban nada mal las cuestiones académicas y de pequeña, como ella siempre dice, sacaba muy buenas notas. Marisa tuvo algún que otro empleo muy mal pagado y en condiciones muy poco favorables. Cuando se casó con su novio, enseguida se quedó embarazada, perdió el empleo y no logró encontrar otro. Decidió entonces dedicarse exclusivamente a su nueva familia creada y ser la esclava de quien ella había elegido, no de quien la vida le había impuesto. Ahora los hijos de Marisa son adolescentes, ella está muy implicada en su educación y es una madre que no despista la atención y necesidades de su prole. Su hija mayor es lesbiana y ha contado con el apoyo incondicional de una madre que hace de escudo ante los miembros de la familia que no parecen asimilarlo nada bien. La vida de Marisa es dura y por su hija haría lo que fuera, por eso está enfrentada a medio mundo: su matrimonio estalló y todas sus relaciones familiares que tanto había cuidado volaron por los aires. Pero Marisa es una luchadora y sigue apoyando a su hija, que está viviendo un infierno. En todo este polvorín, llaman a Marisa del instituto donde estudia su hija para decirle que, tras una charla que les dio no sé qué asociación, su hija decide que quiere ser un hombre. Marisa, que también ha llegado al feminismo hace poco, como Mari Carmen, no va a permitir que sigan dañando a su hija y lee, escucha, aprende y forma ya parte del ejército feminista.

Por último, quiero hablar de Mónica. Mónica es tímida y callada. No viene de una familia especialmente reivindicativa. Acaba de aterrizar en el mundo laboral y está empezando a labrar su vida. Es muy joven y aún no ha decidido si quiere tener descendencia o no. Tiene pareja, pero no tiene muy claro qué quiere hacer en el futuro próximo. Mónica llegó al feminismo como repulsa *a la cara más atroz del terrorismo machista que sufrió su hermana mayor, cuyo marido está en la cárcel después de haber sumido a toda la familia en los horrores del miedo yla angustia que esta espiral de violencia supone. Ese punto de inflexión puso a todas las personas de su entorno en alerta, pero Mónica dio un paso más y se alistó a las filas del feminismo. Está en una asociación y lleva años leyendo, escuchando y formándose.*

Son las Mari Carmen, Marisa y Mónica las que necesitamos en la lucha. Son ellas las que harán la revolución, las que van a abolir el género, la pornografía y prostitución. Es a ellas a las que debemos aupar, mimar, formar. Son las que este último 8 de marzo decidieron acudir a las convocatorias abolicionistas. No saben nada de nombres y apellidos, de femstars, de luchas de egos, de puntos y comas, ni de nada. Solo saben que esto no puede seguir así y que no pararán nunca.

La lucha diaria y continua es cansada y peligrosa. Se puede hacer de formas diversas e infinitas. Desde las hermanas organizadas tomando las calles en cada fecha señalada o no, hasta las decididas a entrar o ya dentro de las instituciones y los órganos donde se toman las decisiones,en agrupaciones políticas tradicionales o en partidos políticos feministas (Partido Feminista de España, Iniciativa Feminista o Feministas al Congreso) Y en todos esos lugares deben estar Mari Carmen, Marisa y Mónica, porque no hay nada que las pare, porque vienen cargadas de futuro.

Aunque nuestras tertulias, artículos, cafés, libros y charlas les den el plato en que servirse, ellas son nuestro alimento, nuestro aire y el feminismo que nos viene. No son blancas, ni gitanas, ni negras, ni pobres, ni ricas. Son todas ellas. Son la lucha por la liberación de la mujer. Son ellas las que nos dan lecciones cada día.

No albergo ningún temor hoy a las consecuencias de lo que pienso, digo o escribo. Esto es el resultado de un proceso de gestión de varapalos producto de esos pensamientos, decires y demás a pesar de las mil y una medidas tomadas para evitarlos. Es por esto por lo que volaré en mi disertar, sin red ni colchón, pero con alas grandes y fuertes.

Hace ya tiempo que sé a ciencia cierta, como producto de un profundo análisis del origen de todos mis males, que hay verdades necesarias para entender bien el relato de mi vida. Una de ellas tiene que ver con que el golpe atestado por el brazo ejecutor patriarcal de mi familia de origen cuando me echaron de casa se convirtiera en un lanzamiento al vuelo libre, lejos de aquella, mi primera cárcel, y supiera aprovecharlo y florecer como nunca antes. Eso se lo debo al feminismo en varios sentidos. De un lado, es gracias a los logros de nuestras antecesoras que pude trabajar para subvencionarme un alojamiento y seguir estudiando y, por otra parte, es mi adscripción a la posición política feminista la que hizo que no perdiera la perspectiva y nunca dejara de ver que todo lo que estaba sufriendo era una violencia estructural y nada tenía que ver con mi individualidad o con mi persona.

No puedo negar los momentos de flaqueza, sobre todo en el horrendo período en que dormía con el enemigo, cuando perdí ese ángulo sanador y me creí merecedora de tanto padecimiento. Pero siempre ha sido el feminismo el que me ha guiado hasta la superficie, incluso cuando tomé la mejor decisión de mi vida: elegir una terapeuta feminista, la grandísima Bárbara Zorrilla[4,]

4.- https://barbarazorrillapantoja.com/

para poder gestionar todo el tremendo síndrome de estrés postraumático acumulado en mis piernas y lograr así encajar todas las piezas del puzle de mi narrativa.

Entre otras cosas es por eso que pude entender, unas cuantas décadas después de aquel vuelo sin motor al que mi familia me había lanzado sin el menor asomo de decaimiento, lo que ocurrió justo en un momento de gran debilidad para mítras atreverme a contar a esa familia de origen el infierno en que había consistido mi matrimonio. Supe ver perfectamente qué había en la mirada de odio de ese miembro de mi familia, suerte de macho alfa en intenciones, cuando, enloquecido, terminó de expulsarme de su vida y, por extensión, de la de toda la familia, precisamente en uno de mis momentos de mayor fragilidad. En una época en la que ya está muy mal visto no dar crédito a la denuncia de una mujer víctima de violencia machista en su relación de pareja, existen otras maneras de aumentar la espiral del odio en que vivimos envueltas. En este caso, consistió en hacerme luz de gas en base a una antigua conversación privada de un servicio de mensajería instantánea, a la que no quiero saber cómo y por qué tuvo acceso, con una ex mujer de otro macho de la familia, en la que ni siquiera hablaba de él. La mirada feminista era la que me hacía entender la verdadera razón por la que me gritaba que yo ya no formaba parte de su familia: ser mujer y no haberme sometido nunca.

Esa violencia gratuita y hasta inverosímil que otros hombres ejercen contra las mujeres maltratadas cuando empiezan a luchar por recuperar su vida tiene una lectura feminista, igual que la misoginia centrada con ese ímpetu, especialmente sobre mí, por ese familiar también está directamente relacionada con mi feminismo; porque yo siempre he aplicado, incluso mucho antes de conocer tanto la cita como su origen, aquello de que el feminismo es "una forma de vida en lo privado".

Y fue el feminismo el que me hizo ver en ese momento que aquello tenía que pasar inevitablemente y que era tan bueno para mí como lo fue que me echaran de casa cuando estaba estudiando la carrera; porque los hombres que no señalan o critican a los puteros o a los que tienen órdenes de alejamiento de sus ex parejas pero repudian, por ponerlo como ejemplo, a la feminista de la familia, víctima de violencia íntima contra la mujer, forman tanta parte de la raíz del problema como el sistema que no previene que haya que proteger a mujeres con órdenes de alejamiento o que permite que el putero no sea un criminal.

La ayuda que supone entender que lo que sufrimos es producto de la posición que la sociedad nos obliga a ocupar solo se puede entender desde una ideología, como es el feminismo, que huye tanto del individualismo como del populismo.

Words, words, words[5]

Feminismo: quiénes somos, de dónde venimos, a dónde vamos.

Entre las reivindicaciones de la huelga y las manifestaciones del próximo 8 de marzo no estará la exigencia de la prohibición categórica de comercialización y cosificación de nuestros cuerpos, es decir, la abolición de la prostitución y la pornografía, y la negación incondicional a legalizar el uso comercial de nuestros úteros: el alquiler de vientres. No vamos a salir a la calle para luchar contra todas las violencias machistas, solo para combatir algunas, ya que estas que nombro no forman parte del argumentario de este 8M. No podremos seguir afirmando que las mujeres asesinadas a manos de sus parejas o ex parejas son solo

---

5.- https://bruxabona.com/2019/02/22/example-post/

la punta del iceberg, porque algunas de las violencias que están en la base de ese iceberg (prostitución, vientres de alquiler...) no se incluyen en las protestas.

A la mayoría de las feministas que llevamos décadas en esta lucha este hecho nos tiene absolutamente desconcertadas. De la misma manera que ocurre con el descontento, el desconcierto ha de generar reflexión en una sociedad sana y, por supuesto, tras esta, reacción. Se hace imperiosa aquella para poder centrarnos pronto en esta; por tanto, buceemos en las profundidades del movimiento feminista para vislumbrar qué está sucediendo.

Las cuestiones que subtitulan este post no solo no son baladíes, sino que, además, son muy necesarias. Probemos a resolverlas una a una y estudiar qué nos aportan sus respuestas.

Con respecto a quiénes somos, ya no cabe ninguna duda de que el feminismo actual es deudor incuestionable del feminismo radical que surgió a mediados del pasado siglo y que se ha ido enriqueciendo posteriormente con hermanamientos inevitables: ecologismo, pacifismo, antirracismo... No es este el momento ni el lugar de hacer un repaso, ni aún breve, de la historia del feminismo, ni mucho menos se pretende menospreciar los logros de las olas anteriores al radicalismo; simplemente se trata de presentar un dibujo relativamente fiel del ideario feminista de las últimas décadas. Como su buen nombre indica, el feminismo radical se caracteriza por haber cambiado el foco de sus luchas hacia la raíz del problema. Acuña el término patriarcado, cuyo ámbito referencial posiciona a las feministas en un ángulo anticapitalista indiscutible, ya que el capitalismo es una de las variantes del patriarcado, nacido, aproximadamente, en el neolítico. Y casi también inevitablemente se asocia otro concepto al feminismo: revolución.

Con todo esto, es de obligada mención una unión que se hace esencial para ambas partes casi desde los inicios de esta ola: aquel posicionamiento ideológico radical acerca y emparenta forzosamente el feminismo con el marxismo; lo cual nos lleva a la respuesta de la segunda pregunta: de dónde venimos. El feminismo es lucha de clases cuyo sujeto político es la mujer, la mujer de la clase trabajadora. Pero, ¿qué ha pasado con el marxismo, padre del feminismo radical, en las últimas décadas? El marxismo ha enfermado de gravedad y agoniza. La clase trabajadora está prácticamente huérfana y, así, día a día observamos atónitas cómo perdemos derechos conquistados hace cien años o más con gran esfuerzo y un alto coste en vidas humanas: vacaciones, jornada de ocho horas, descanso semanal... Tampoco son estos el espacio ni el tiempo para examinar tan arduo asunto, pero podríamos centrarnos en uno de los síntomas de la agonía de la lucha del proletariado (o quizá, por qué no, una de sus causas). Hablo de una enfermedad verbal que nos infecta hoy en día en general y que envenena, en particular, el argumentario de la izquierda. El día que la palabra socialismo empezó a asociarse a un movimiento que defiende un capitalismo moderado, disfrazado de igualdad y bienestar, que conocemos normalmente como socialdemocracia, empezamos a cavar las tumbas de todos los movimientos de la lucha de clases. El significado de una palabra no puede tener dos acepciones contradictorias, que es lo que le ocurre hoy en día a la palabra socialista. No se puede ser capitalista y anticapitalista a la vez. El socialismo nace para luchar contra el capitalismo. Lamar así a una teoría que defiende el capitalismo es el primer paso para terminar con su primer y original significado. Si desaparece el concepto, nos olvidamos también de la realidad a la que hace referencia. Esta es la manera en que la izquierda está olvidando no solo sus orígenes, sinolo que es peor, sus logros y sus metas.

Esta jugada magistral del capitalismo fagocitador ideológico ha llegado a las filas del feminismo para instalarse y *neutralizar cualquier atisbo de revolución que pudiera quedar en él. Lo cual nos lleva a la triste respuesta de la última pregunta. ¿A dónde vamos?: a la desaparición (si no lo solucionamos antes). Cuando los hombres inundan los encuentros feministas (manifestaciones, reuniones, etc.), cuando se habla de debatir si ciertas violencias machistas son denunciables o no, de si la mujer es sujeto político o no, de si el hecho de tener vulva o tener la regla es razón para ser marginada o no, de si existe el género, constructo opresor del patriarcado capitalista, o no..., algo huele mucho a podrido en el feminismo, pero mucho. Con todas mis disculpas a William Shakespeare por haberlo parafraseado en dos ocasiones hasta el momento, su más celebrada obra maestra me parece una alegoría muy adecuada de lo que nos ocurre. Hamlet, un protagonista atormentado que se debate impotente entre la acción y la inacción para terminar con la usurpación de poder de la que es conocedor, contesta con un magistral desprecio irónico a la pregunta de Polonio sobre su lectura con el título de este post, consciente del poder que realmente tienen las palabras. Igual que al público de la obra le desasosiega la falta de sangre de Hamlet, a algunas feministas nos exaspera el intento de anulación de las referencias básicas de la palabra que abanderamos: feminismo. Estamos permitiendo que movimientos reformistas capitalistas usurpen nuestra identidad y realicen acciones, tomen decisiones, ganen seguidoras y se instalen en la opinión pública en nuestro nombre. Si no hacemos nada ahora, poco podremos hacer cuando el virus verbal nos haya infectado del todo. Primero intentaron hacer creer que la palabra feminismo aludía a algún tipo de movimiento clasista y sexista de la misma naturaleza que el machismo. Como no lo lograron, se inventaron un movimiento inexistente al que llamaron hembrismo para desacreditarnos, pero tampoco funcionó. Ahora llega su jugada de jaque mate: utilizar el término feminismo para referirse a un movimiento reformista de petición de derechos para las mujeres, primo hermano del neoliberalismo y hermano de la socialdemocracia moribunda, igual que hicieron con la palabra socialismo. No solo están introduciendo un peligroso cambio semántico en el término, sino que están expropiando todo el movimiento para neutralizarlo y difuminarlo, como hicieron con el marxismo.*

En las manos de las feministas, las de verdad, está ahora frenar esta tendencia. Debemos utilizar sus mismas armas sin avergonzarnos y sin miramientos: redes sociales, populismos, manifestaciones, tomar las calles..., y gritar, gritar mucho más que ellas y que ellos. Tenemos que recuperar nuestro espacio y conquistar estos tiempos. En la modestísima opinión de esta vieja feminista solo lo podremos lograr unidas actuando todos los días. No solo de cara a fechas singulares —25N, 8M—, donde al liberalismo le gusta lucir sus galas, sus armas, sino en todos los ámbitos de la sociedad, incluido en el político representativo, donde aún no estamos y se pueden instalar los usurpadores. Nuestro lema: "lo llaman feminismo y no lo es"

Pensar bien, amar bien, dormir bien[6]

«Quién»

En los primeros vuelos lejos del nido infestado de toxicidad patriarcal, no tardé en encontrar la bandada adecuada. El activismo está incrustado en mi esqueleto desde que tengo memoria y salió de mí, como cuando se abre la salida de vapor de una olla a presión, en cuanto me alejé de mi familia de origen. Aún sigo enganchada a ese vicio sin remedio de la plurimilitancia en la que caí en la segunda década de los noventa. Todas las causas estaban en igualdad de condiciones y todo era igual de importante: la revolución del proletariado, la oficialidad del asturiano, la causa feminista, la autodeterminación de los pueblos saharaui, curdo... (etc). Y en todas las luchas me ocurría exactamente lo mismo: había algo que chirriaba, algo no encajaba...

De un lado, la Academia ya entonces estaba demasiado centrada en el feminismo teórico que, además, estaba protagonizado y tomado por mujeres con las que no podía sentirme identificada por mi origen social e ideológico. A esto hay que añadir la descomunal carencia de formación feminista que vivía entonces para entender que todas

---

6.- Woolf, Virginia: *Una habitación propia*

las mujeres sufrimos la misma opresión. No sé si fue esa o fueron otras las razones por las que no me impliqué más en la lucha. Triunfaba entonces el feminismo de la diferencia al que he aprendido a respetar pero con el que nunca he podido comulgar. Por otra parte, en las otras causas encontré desde el primer momento el gran error teórico y metodológico no solo de la falta de perspectiva feminista, sino también del rechazo a la misma.

Y en esos pantanos de revoluciones encontré mi tribu dispersa en otras, pero fuerte y dura para crecer desde ella: mujeres víctimas de un devenir vital espinoso que no solo teníamos interiorizado que todo ello era consecuencia del sexo con el que nacimos, sino que sabíamos que el resto de las guerras en las que nos batíamos el cobre como nuestros compañeros era imprescindible entender cómo a las de los cromosomas XX les afectaba de manera muy diferente la opresión de clase, etnia, origen... Éramos las apestadas, las que poníamos el grito en el cielo ante el horrendo espectáculo que ofrecían los hombres reunidos debatiendo en una sala mientras las mujeres limpiaban y recogían durante la ocupación de un local para el activismo, las que impedíamos que se siguiera adelante con la discusión sobre las condiciones del pueblo saharaui si no se partía de la diferencia que había entre los hombres y las mujeres...

Ahí empezó todo, con sus luces y sus sombras. Pero no tantas sombras para tener que asistir, décadas después, a tan ingente declive de la Academia, de la universidad que me hizo crecer como feminista y que hoy no reconozco.

En esta casa[7]

La universidad: esa santa casa que tanto me dio y donde casi estuve a punto de perderlo todo. Esta mancha oscura con que introduzco mi argumento, no obstante, no llega a ensombrecer el recuerdo maravilloso que tengo de mi paso por esa institución, donde más me formé como feminista y donde empecé a entender lo que tanto coreamos en las manifestaciones: "no estoy sola". Esa sombra de mi época universitaria ocurre a mediados de los años noventa. En una zona del campus sufrí una de las agresiones sexuales que más me marcó. Aunque no fue la más grave, ya que, gracias a la asistencia mágica de un grupo de limpiadoras que sin saberlo me salvaron, todo quedó en un intento de violación. No es el momento ni el lugar para explicar por qué no lo denuncié, no se lo conté a nadie durante años, ni por qué me marcó tanto; no pretendo hacer aquí un me too. Eso será contado en otra ocasión y otro sitio.

Si una alumna actual sufre una agresión como la mía o peor, tiene hoy a su disposición, en la misma universidad en la que yo estudié, un protocolo de actuación para estos casos, porque, afortunadamente, hoy la ley nos cuida. Además, dada la sensibilidad actual, es bastante probable que la alumna lo contara, lo denunciara y actuara, porque se siente protegida, porque la han educado para ser un sujeto de deseo y no admite ni normaliza en ningún caso ciertas actitudes que la reduzcan a la condición de objeto. Esto hace que esa alumna se sienta en su casa y no oiga resonar en su cabeza esas voces paternales, que las que ya tenemos una edad oíamos con tanta frecuencia: «mientras vivas en esta casa, harás lo que yo diga». Con ese enunciado, que no pretendía otra cosa que anular la mayoría de edad de la persona receptora, se resume la posición que las mujeres hemos tenido en nuestros hogares (y prácticamente en el mundo) a lo largo de tantos siglos. No fue eso lo que sentí,

---

7.- https://bruxabona.com/2019/09/08/en-esta-casa/

afortunadamente, en la universidad. Allí, tanto entonces como ahora, sí que formamos parte de esa casa; de hecho, hay facultades mayoritariamente pobladas por alumnas, hay alumnas, representantes del alumnado, con voz y voto en todas las decisiones, hay catedráticas, decanas, profesoras... Estamos en todas partes.

Y parece ser que para algunos hemos llegado demasiado lejos. Recuerdo, con media sonrisa pensando en todos los memes al respecto, el infame informe del Consejo de Colegios de Médicos de Castilla y Léon que veía como «una grave problemática» la «feminización de la profesión». Pero, en ocasiones la media sonrisa, lo que la jerga woke llama micromachismo, se transforma en alarma, como sucede cuando nos enteramos de lo que está ocurriendo en alguna universidad que no quiere ser nuestra casa.

Ante la gravedad del asunto, paso a hablar sin ambages: la Universidade da Coruña (UDC a partir de ahora), universidad pública, tiene a bien organizar unas jornadas apologéticas de una de las violencias machistas más aceptadas en nuestra sociedad: la violación mercantilizada, el negocio de la violación, en este caso centrada en lo que conocemos como prostitución (según el programa, esta vez su versión filmada, la pornografía, no se incluye). Por supuesto, se refiere a ella como »trabajo sexual», el peor de los eufemismos que se han inventado para ocultar el significado real de dicha actividad: violación consentida por la víctima y aceptada socialmente. Esto está ocurriendo hoy, en el año 2019, no en el pasado siglo.

La UDC ha decidido que no es nuestra casa si queremos seguir siendo sujetos. No es nuestra casa si no admitimos que podemos ser explotadas sexualmente de manera legal porque ese es nuestro papel. Con el dinero de todas las españolas y todos los españoles se pagará al lobby de los proxenetas para difundir su mensaje tranquilizador entre posibles puteros y posibles esclavas. Mujeres cuya autoestima depende de lo que los hombres opinen de ellas irán a convencer a las alumnas de la UDC de lo fantástico que es que te penetre vaginal, anal y bucalmente alguien que no solo no deseas, sino que es posible que te dé muchísimo asco. Las que estudian en esta universidad tienen una buena salida profesional a su alcance: ¿médicas, ingenieras, abogadas...? No, hombre, no; hay algo mucho mejor: trabajadoras sexuales.

Pero no acaba todo ahí. Ante la tormenta de críticas que supuso tal atrocidad, la UDC emite un comunicado que nos deja a todas aún más preocupadas, más si cabe. Afirma que las charlas están orientadas a la consecución de la igualdad y habla de un debate dentro del feminismo. Podrían haber puesto en su comunicado lo malas que somos las mujeres entre nosotras y tendría absolutamente la misma credibilidad.

No, no hay debate interno en el feminismo. No, no hay aliados que defiendan la comercialización de nuestros cuerpos. No, no hay ningún feminismo que no sitúe a las mujeres como sujetos políticos. No, no somos más sensibles ni tenemos genéticamente ninguna capacidad extra para el trabajo reproductivo. No, los hombres no tienen nada en sus genes diferente a las mujeres que los convierta en unos depredadores sexuales incontenibles. Ninguna de todas estas suposiciones que menciono, ni otras muchas que están intentando grabarnos nuevamente a fuego en nuestras mentes, tienen nada que ver con el feminismo. Son clásicos difundidos por el patriarcado desde hace siglos que el neoliberalismo, en un acto de aterradora habilidad, ha introducido, cual caballo de Troya, en nuestras filas, sin que apenas nos hayamos dado cuenta.

Señor rector de la UDC, las mujeres de su casa no van a hacer lo que nadie les diga, porque la casa es tan de ellas como de los hombres. Por mucho que intenten disfrazarse de feministas para seguir haciendo lo mismo de siempre, nosotras, que estamos en nuestra casa, no lo vamos a permitir. Treinta años después, seguiremos coreando «fuera, machistas, de la universidad». Por ello, de un lado, espero y confío en que alumnas y profesoras feministas rodeen el edificio del evento e impidan que los actos se desarrollen con normalidad, que se oigan más nuestras voces que las de los proxenetas. Que el «aquí estamos las feministas» sea de verdad: las feministas reales, las que no defienden lo indefendible, lo incoherente, lo absurdo.

Pero, de otro lado, espero que las mujeres aprendamos a votar. A votar. No solo a quién votar. A votar. A ir al colegio electoral en cada convocatoria para garantizar siempre que la opción gobernante hará lo posible , con leyes abolicionistas (penalizando al putero, por ejemplo), para evitar condenarnos a ser sus objetos el resto de la existencia de la humanidad. Y, si esa opción no existe, si no hay ningún partido que garantice tales medidas, las mujeres hemos de aprender a dejar de ser las lavanderas de la izquierda y empezar a participar en política feminista activamente: afiliación, participación y compromiso.

En los años noventa hubo una gran oleada de retroceso en el pensamiento progresista que nos hizo creer realmente que había una esencia que nos hace a hombres y mujeres diferentes. Empezaba a rugir con fuerza la idea de que la solución no pasaba por cambiar estructuras, sino por incluir la feminidad en todos los aspectos de la vida social, como si la feminidad tuviera algo de bueno. Se nos apartaba de la reflexión sobre lo que había supuesto para nosotras haber nacido mujeres y cómo se construía eso para sustituirla por la convicción de lo maravilloso que era lo que suponía ser mujeres en algunos aspectos. Nos rebelábamos contra ese discurso con actitud política, pero sin definición básica ideológica en qué sustentarla porque aún nadábamos en aquel universo de ostracismo al que se sometía al feminismo radical en el mundo del activismo.

Entonces ya se vislumbraban los polvos de los que surgirían las perversas desviaciones que hoy nos desolan. El posicionamiento de rechazo del feminismo de nuestros compañeros varones y la negación de la mujer como sujeto político ya entonces formaban el germen de los males de la izquierda actual. No veíamos venir, debo reconocer, el perverso giro opresor lingüístico que nos caería y, sin embargo, ahí estaba.

Ruido blanco[8]

El otro día, en una conversación en confianza y seguridad, compartiendo con alguien parte de la horrible mochila que el terrorismo machista incrustó en mi espalda, le decía que no sabía cómo referirme a mi ex y siempre utilizaba un sinfín de términos despectivos, que iban desde el más ligero el innombrable *hasta el manido* cabrón, *pasando, por supuesto, por el* maltratador. *Entonces la persona con quien hablaba me contestó con una ironía ácida como la que a mí me gusta: «Yo, en casos así, suelo referirme a él como el difunto», lo cual me hizo reír mucho y bien.*

Esto que comentábamos ocurre porque, ciertamente, si alguien nos ha hecho daño evitamos decir su nombre por una razón neuronal bastante lógica: cuando nuestro cerebro activa un signo lingüístico lo que hace es poner en relación dos realidades materiales, una sensible, esos sonidos que oímos o esas letras que vemos (perdóneseme el pleonasmo), y otra no perceptible en el momento, que es esa parte de la realidad a la que se refiere la palabra. De ahí que, casi de manera instintiva, usemos esa suerte de

---

8.- https://bruxabona.com/2023/04/05/ruido-blanco/

eufemismos con que aludimos a personas que no queremos recordar realmente.

El mismo camino lo solemos hacer también a la inversa: cuando las personas están enamoradas, suelen gozar escribiendo el nombre de la persona amada o pronunciándolo en voz alta. Así nos lo ha devuelto durante siglos el arte de las palabras y la ficción audiovisual en nuestro tiempo. Nombres propios que dan títulos a canciones y bautizan barcos o se tatúan en las pieles... Y no es asunto baladí, ya que el nombre de nuestra amada o nuestro amado nos acerca a esa persona que no está presente y lo repetimos con deleite para sentirla.

Esta descripción científica del hecho de la comunicación lingüística que estoy contando, aparentemente tan sencilla, ha proporcionado un arma peligrosa a algunas manos. Durante siglos, por ejemplo, los gramáticos al servicio del poder, nos bombardearon con preceptos que intentaron encorsetar la lengua, explicando qué términos se podían usar y cuáles no.

Pero no solo se trata de que con un signo lingüístico actualicemos una realidad que podemos querer o, por el contrario, no desear tener presente, sino de que el fenómeno de las relaciones entre signo y referencia va mucho más allá. Cuando yo estudiaba, hace más de un cuarto de siglo, siempre se nos ponían de ejemplo estudios que comparaban a un hablante europeo y uno esquimal, en los que el primero, ante una paleta cromática solo veía blanco, mientras que el segundo distinguía perfectamente una amplia gama de colores. Esto se explica porque la lengua del esquimal gozaba de una palabra distinta para cada uno de esos blancos y los entendía como diferentes y no como tonalidades, mientras el europeo solo conocía un único término. Hoy en día, con los avances tecnológicos y conocedoras de la plasticidad del cerebro, esto no nos sorprende lo más mínimo e, incluso, podríamos justificarlo neurológicamente, llegado el caso.

Volviendo al carácter armamentístico que puede tener el lenguaje, tan importante es el mapa lingüístico con que concebimos el mundo que la historia insiste en recordarnos mil y un intentos de manipulación a través del lenguaje Mussolini, por ejemplo, prohibió el uso de extranjerismos en italiano durante su mandato, la burguesía hablaba de pobres y ricos en lugar de hablar de burguesía y proletariado, en momentos de convulsión social, queriendo dormir la conciencia de clase, los esclavos pasaron a llamarse siervos... Precisamente por esta singularidad, el gran visionario George Orwell nos regaló, en la fantástica 1984, este fenómeno manipulador llevado al extremo en la creación por parte del poder opresor de la neolengua.

Desgraciadamente, no solo podemos rastrear este fenómeno en el pasado: en nuestros días estamos asistiendo a otro intento importante de manipulación lingüística que no ha pasado desapercibido a muchas personas. Piensen en cuánto tiempo hace que no oyen en casi ningún círculo proletariado, clase trabajadora, burguesía... *Ninguna de estas clases sociales ha desaparecido, pero nombrarlas significa recordar la realidad material de la que parte el análisis político que debería sustentar una revolución. Ahora se habla de gente, en vez de pueblo, ya no se nombra la burguesía opresora, sino que hay una suerte de un 1% que suena más a hermano mayor que nos vigila que a una clase social.*

Esta neolengua, con permiso del maestro, ha invadido todo terreno de lucha social y, cómo no, se ha cebado en el feminismo, el movimiento más peligroso para el sistema patriarcal capitalista en estos momentos. El 8 de marzo era el día de la mujer trabajadora para los países con regímenes socialistas porque querían diferenciarla de la mujer burguesa, pero el feminismo, aplicando el análisis materialista necesario, nos trajo a la lucha un hecho innegable: el trabajo invisible que la mujer hace de manera esclava es la base de nuestra opresión y, además, de todas las desigualdades, con lo cual, el término trabajadora sigue siendo de vital importancia para marcar nuestra realidad. Hace ya casi medio siglo que el 8 de marzo es solo el día internacional de la mujer, ya no trabajadora. Unido a este borrado de términos peligrosos para el sistema, podemos señalar que ese trabajo esclavo de las mujeres no tardó en llamarse reproductivo para diferenciarlo del trabajo remunerado que el sistema sí reconoce. Sin que vayamos a festejar una denominación que barnizaba la realidad con una pátina de otredad, subordinándolo al trabajo productivo, al menos mantenía la importantísima palabra trabajo. *El silenciamiento de esta realidad material ha llegado al sumun con lo que llaman la lengua woke, donde ha sido reducido a la odiosa "cuidados".*

Si algo nos ha enseñado el materialismo es la necesidad de utilizar la metodología científica en el análisis para poder dar una respuesta correcta. El lenguaje científico crea neologismos cuando no queda otra, pero no es esa su meta, ya que la jerga científica ha de ser funcional en su fin siempre. Incluso en el supuesto de que el análisis científico de la realidad nos devolviera una imagen diferente a la que recoge el término, mutarlo de manera artificial resulta a todas luces absolutamente improductivo para la función descriptiva del término. La palabra átomo significaba en griego indivisible; hoy en día sabemos perfectamente que no es así, pero a nadie se le ha ocurrido sustituirla por otra.

Cambiar la terminología en el análisis político solo puede responder a intenciones populistas, ergo manipuladoras y sospechosamente al servicio del sistema imperante. Es una táctica sutil y de difícil percepción. A las feministas no nos saltaron las alarmas cuando la Academia americana, poco habituada y menos aficionada al materialismo marxista, sustituyó el término clase, aplicado a la mujer y al hombre, por género. Ahora la sinrazón ha pulido con un paño indefendible toda la teoría feminista, no solo inundándola de absurdidades, como mujer cis, género fluido *y otras sandeces variopintas, sino también ha llegado incluso a negar su propio sujeto político, en un intento feroz de desmontar todo el movimiento.*

Urge, por tanto, recuperar la terminología nacida del análisis científico de la realidad material, volver a hablar de patriarcado, trabajo esclavo de las mujeres, opresión, feminismo, mujer como clase… y evitar caer en la telaraña posmoderna. Acabo de leer un interesante artículo de tinte feminista en un medio que nos es afín y, a pesar de que su contenido era ampliamente acorde con mi base ideológica, me ha costado tal infierno leerlo que, llegado un punto, he tenido que dejarlo. ¿La razón? El uso continuo de la terminología woke. Últimamente asistimos con más frecuencia de la que nos gustaría a este fenómeno que, aunque en principio pueda parecer solo curioso, es más grave de lo que parece. Si aceptamos su manipulación lingüística, estamos abriendo la puerta de nuestras casas al enemigo, no oculto en un caballo de madera, y participamos directamente en el borrado mental de una realidad material que llevamos 300 años intentando cambiar.

Recuerden el viejo dicho: lo que no se nombra no existe.

El delito de nacer[9]

«Cuándo»

—El señor tan amable y simpático del otro día, el que me dijo que me conocía, hoy me ha vuelto a dar un duro[10].

—¿Quién, hija?

—El que te conté…

—Ya, pero, ¿quién es?

—No sé, mamá. Un señor que está sentado en el banco con otras madres.

—Pero, ¿es el padre de algún niño o el abuelo?

—No, mamá. Él está siempre solo ahí.

—No quiero que te acerques nunca más a él, ni mucho menos que aceptes su dinero, ¿me oyes?

—Pero, ¿mamá…?

—¡Ni pero, ni pera! Mira, que si no me haces caso…

Con cuatro o cinco años que tenía yo entonces, el gesto de señalar la zapatilla era la argumentación más sólida

---

9.- De la Barca, Calderón: *La vida es sueño*

10.- Un duro eran cinco pesetas, dinero de amplio margen adquisitivo en los primeros setenta del pasado siglo. Equivaldría a la capacidad adquisitiva de dos euros actuales, aproximadamente.

de mi madre para convencerme de cualquier cosa. En los años setenta había suficiente información para que una madre de la época viera el peligro como lo vio mi madre. Faltaba aún toda una sociedad consciente con un código penal en condiciones para que la reacción de mi madre hubiera ido más allá de sus amenazas, eficaces, no obstante, ya que nunca volví a acercarme al pedófilo, del que no recuerdo absolutamente nada más que los duros y su amabilidad.

No creo que sea este mi primer encuentro con el terrorismo machista, pero, desde luego, sí el primero que recuerdo. Y tengo que decir que pasaron muchas décadas hasta que aquel recuerdo se reactualizó en mi memoria con la forma adecuada y asociado a otros recuerdos, como el del señor José Antonio, que es de algunos años más tarde.

El señor José Antonio era el miedo, el peligro, el riesgo... En nuestros juegos infantiles, la más valiente era la que era capaz de acercarse a su casa, muy próxima a la mía, y gritar su nombre desde afuera para luego echar a correr. Y ¿cuál era el peligro? ¿Era el señor José Antonio un hombre de mal genio que nos podía reñir o gritar? No. Del señor José Antonio todo el pueblo rumoreaba que abusaba de las niñas y que había sido denunciado por varias familias. En mi mente inocente el único concepto que cabía era algo similar a lo que contaban los cuentos infantiles, porque no tenía ni idea de lo que quería decir la gente con aquello de que José Antonio había cogido a algunas niñas, las había metido en su casa y había abusado de ellas. No obstante, aquella era la casa del terror y, cuando el señor José Antonio salía por la puerta era como echar una gota de disolvente en un plato con grasa flotando: todas las niñas huíamos como almas que lleva el diablo a refugiarnos junto a otros adultos.

No tengo ningún dato técnico que lo corrobore, pero el análisis de los hechos con el paso del tiempo me aporta todos los indicios para creer que el señor que me regalaba alegremente aquella cantidad tan grande de dinero, podía ser perfectamente el señor José Antonio intentando ganarse mi confianza.

El señor José Antonio solo abusaba de las niñas, pero los niños también tienen su propia casa del terror:

—Tía, tengo una curiosidad desde hace tiempo… —yo estaba sentada a la mesa de la cocina y recuerdo a mi tía del pueblo, de espaldas a mí, cortando verdura para la comida— Con lo religiosos que sois tío y tú, ¿cómo es que ninguno de mis primos fue monaguillo?

—¡Ay, hija! Porque decían que el cura se metía con ellos y yo no quise arriesgarme a que tocara a ninguno de tus primos —ella apenas se inmutó, al menos no dio muestras de ello pero yo no sé cómo pude no desmayarme, pues sentí que la sangre había dejado de circular por mi cuerpo.

La parsimonia con que mi tía del pueblo me contestó me hizo dudar de lo que estaba diciendo. Entonces yo era ya una mujer adulta y entendí perfectamente a qué se refería, pero, por aquel entonces, aún no se sabía nada de los abusos de los sacerdotes ni del escándalo mayor de la historia de la Iglesia. Puede que, por todas esas razones, en aquel momento dudé de que pudiera haber ocurrido algo así. Sin embargo, el tiempo le dio la razón a mi tía. Ahora ya no tengo ninguna duda.

Después de este breve relato de terror, toca entender qué está pasando y de qué se trata todo esto.

Imaginemos qué puede hacer en el plástico cerebro de una criatura asociar desde su tierna edad el concepto de sexo a tales horrores de violencia, aún cuando los estadios en los que se encuentra el desarrollo sexual de la persona le imposibilitan comprender muchos aspectos del abuso. El abusador es un hombre adulto en la aplastante mayoría de los casos (no es este el momento ni el lugar de comentar las insignificantes excepciones, numéricamente hablando, de mujeres pedófilas) para quien la sexualidad es poder y disfruta ejerciéndolo sobre quien más sumiso se puede mostrar, que es el menor, cuya evolución psicológica le impide aún enfrentarse a quien está ejerciendo semejante horror. La pederastia es la expresión más atroz de la violencia sexual del terrorismo machista. Tiene exactamente la misma base que el resto de violencias sexuales: el placer sexual solo se obtiene por sumisión y sometimiento absoluto de la víctima. El mandado patriarcal de usar el sexo como arma de dominación, se distorsiona en la mente del pederasta en su forma más cruel: la de sometimiento de las más inocentes. El efecto de su sadismo en las víctimas directas es inenarrable, pero también hay un daño colateral en toda la infancia que ya va formando ese concepto que identifica sexo con poder en sus mentes, que van modelándose socialmente para acomodarse a lo que algunas corrientes feministas en los años ochenta acuñaron como género.

Sí. He dicho género. Del género voy a hablar mucho, porque sé, porque puedo, porque quiero.

Primera acepción abreviada para *dummies* de género: el género es el lugar que se inculca a las personas que deben ocupar en la sociedad según tengan sexo masculino o sexo femenino. Es una jerarquía social imprescindible para mantener el sistema patriarcal, en el que la mitad de la humanidad oprime a la otra mitad, desigualdad que es base de todas las demás, pero de esto hablemos más detenidamente.

El género actúa sobre nuestros cerebros de manera mucho más sólida que ningún otro mandado social. Y precisamente es así por toda esa violencia que acarrea y empieza en la más tierna infancia, como acabo de señalar. Los niños aprenden desde bien pequeños que los hombres abusan y las niñas, que serán abusadas.

No, queridas lectoras y queridos lectores, no son solo los lazos rosas de las niñas o la ropa más seria que se les pone a los niños lo que forma el constructo social de la masculinidad y la feminidad que se nos impone desde el nacimiento. Es en las relaciones sexuales donde empieza el infierno. Y es porque esas relaciones son el arma más antigua de todas, ya que, como nos enseñaron todas las grandes, de las que quiero mencionar a Gerda Lerner[11], el origen de esa división social sexual tiene que ver con el papel de la hembra humana en la reproducción. La educación sexual que recibimos de la sociedad es esa: ellos han de imponerse y nosotras, someternos. Y luego todo encaja: quiénes toman las decisiones, a quién tenemos que gustar, por qué nos tenemos que enamorar y estar eternamente agradecidas de quien no nos violenta. Esta hipótesis tiene una ilustración tan triste como odiosa: las víctimas directas de esos abusos suelen tener bastantes problemas para encajar en muchos de los estereotipos que impone la sociedad a partir de ese género que nos toca en suerte para poder ser oprimidas u opresores. Precisamente porque tienen grabado en sus conexiones neuronales, de manera mucho más lastimosa, las horribles consecuencias de esa condición sexual. Pero hay personas mucho más sabias que yo y expertas en esta materia que lo explican y desarrollan mejor. Aquí se trata solo de constatar cuáles son las poderosas armas del lado oscuro del género.

Veamos un ejemplo de lo que no es el género y lo que nos quieren hacer creer que es:

11.- Lerner, Gerda: *El origen del patriarcado*

Estrategias y victorias patriarcales[12]

Cuando Michael Jackson, afrodescendiente, decidió cambiarse el color de su piel mediante cirugía para que esta tuviera la misma tonalidad que las personas caucásicas se abrió un debate en torno al tema. ¿Lo recuerdan? No, ¿verdad? Normal. Que un señor, por muy famoso que fuera, no se sintiera bien con el color de la piel que le tocó no le interesa a nadie, no salieron en su apoyo un montón de personas caucásicas que quisieran tener la piel del color de un afrodescendiente (en aquella época recuerdo que yo pensaba que, de hacer tal majadería, habría hecho exactamente lo contrario: oscurecerme la piel) o un montón de personas con los ojos rasgados queriendo tenerlos redondos (y las hay, se lo aseguro; solo habría que preguntar en clínicas de cirugía estética en Japón, Corea...). Nunca hubo ninguna razón para crear un movimiento de personas «transraza» que no estén a gusto con las características físicas de su persona tradicionalmente asociadas a una raza. ¿Y saben por qué? Porque la raza es un artificio social creado para oprimir y explotar a personas cuyas características físicas responden a las más comunes en territorios invadidos, colonizados, conquistados y esclavizados. Los seres humanos no tenemos razas como los perros, es un invento social conveniente a los opresores. Las personas tenemos características físicas que, por razones evolutivas y de adaptación se asemejan a los de otras que llevan decenas de miles de años en un lugar con unas condiciones geográficas y climáticas concretas, absolutamente insignificantes funcionalmente. Todas estas verdades hace décadas que poca gente se atreve a discutir.

12-.https://bruxabona.com/2019/09/07/estrategias-y-victorias-pa-triarcales/
Artículo que *Eldiario.es* no quiso publicar en el blog de los socios, cuando yo aún era socia.

Pues exactamente lo mismo ocurre con el género. No hay ningún estudio científico que haya logrado demostrar las falsedades con la que el patriarcado nos lleva bombardeando desde hace siglos: las mujeres somos más débiles, más sensibles, los hombres aguantan más el dolor, la sangre... No voy a enumerar la larga lista de absurdidades tan ampliamente conocidas por toda la sociedad, pero me basta con decirles que se imaginen qué contestarían si alguien les preguntara por qué usted nació hombre o por qué usted nació mujer sin hacer referencia al sistema reproductivo, ni al endocrino. Les garantizo que casi la totalidad de las posibles razones que se nos vienen a la cabeza son artificiales y, además, varían según la cultura, la clase social, la generación e incluso las circunstancias concretas a las que nos adscribamos; porque el género es algo que, como muchos aspectos culturales, como por ejemplo las lenguas, varía en el tiempo, los estratos sociales, el espacio y el contexto en general. Con todo ello, no hace falta aclarar que hablar de identidad de género o de personas transgénero" resulta tan ridículo y absurdo como hablar de una identidad de raza o de personas «transraza».

Y muchísimo más absurdo y ridículo resulta creerse feminista defendiendo tales atrocidades. El feminismo es, desde hace décadas, abolicionista del género, ese constructo social que se usa principalmente para oprimirnos a las mujeres.

Resulta necesario en este momento comentar que sobre la transexualidado la disforia de género se sigue investigando y aún no hay nada concluyente, pero, en este caso, hablamos de sexo y eso sí que es diferente. Aquí sí que hay que mencionar, sin lugar a dudas, el sistema reproductivo y el endocrino. Este asunto (transexualidad, que no transgénero) nunca jamás ha generado ningún enfrentamiento entre el movimiento feminista (MF) y los movimientos pro derechos de personas con diversidad sexual-afectiva (LGBT...), [...]

A pesar de lo explicado anteriormente acerca del género, sorprendentemente surge en los últimos tiempos, como consecuencia de la teoría queer (que defiende el género como algo natural e innato), este movimiento sobre la identidad de género que decide echar por tierra gran parte de los cimientos de las bases teóricas de un feminismo que ha logrado que las mujeres tengamos más derechos de los que hemos tenido jamás en la historia de Occidente. Los defensores de la identidad de género han tenido tanto éxito que han llegado a conseguir que se legisle a su favor, con lo peligroso que eso puede resultar para todas las mujeres y los logros alcanzados. ¿Se imaginan una legislación que reconociera la raza como algo distintivo, biológico e identitario? ¿A que da miedo? Pues ese miedo tenemos que tenerlo ahora las feministas con esta ley de identidad de género que puede aprobarse a nivel nacional (ya existe en algunas comunidades), sin ningún tipo de debate público.

Pero a la que suscribe estos argumentos lo que más le asusta es el apoyo que está teniendo este desatino dentro del movimiento LGBT... Y del MF. Atónitas asistimos a que feministas históricas como Amelia Valcárcelsean abucheadas e insultadas en sus charlas y en las redes; a que lesbianas sean condenadas y tachadas de tránsfobas por no querer mantener relaciones sexuales con hombres (sí: hombres hetero muy orgullosos de sus genitales y su testosterona que se declaran mujeres) y, por tanto, una vez más, invisibilizadas. No solo eso, sino que, también, si me gusta poco o nada que [...] el movimiento LGBT... se revuelva y enfrente [...] con capacidad para destruirlo o diluirlo, menos me gusta que el MF invierta todas sus energías y se desgaste de una manera tan acelerada y alarmante en esta lucha.

Mientras nos tiramos de los pelos en los cursos y en la red llevamos, en el momento que nacen estas palabras, 55 mujeres asesinadas por sus parejas o ex parejas, siguen brotando como hongos violaciones múltiples, lesbianas son agredidas por mostrar su afecto en público, cobramos un 30% menos, no estamos en el poder... Lo cual muestra que el movimiento «transextremista» es una victoria del patriarcado que se ha infiltrado en nuestra lucha (MF y LGBT)

Esperemos que ese hijo rebelde crezca y haga su lucha más poderosa, no enfrentándose a su madre, sino complementando su lucha para conseguir que se alcancen más logros. Confiemos en que el MF se centre en su tarea principal: alcanzar la igualdad real, fin que estamos alejando por no reconocer al enemigo oculto en el regalo que nos dejó amablemente en la puerta y que hemos metido intramuros cediéndole tanto espacio.

El género nos moldea desde bien pequeñas para preparar y abonar el terreno en el que se incrustarán violencias posteriores que nos recordarán en cada momento cuál es esa posición que debemos ocupar y qué puede ocurrir si nos movemos un milímetro de ella.

En el patriarcado del consentimiento se reproducen situaciones del patriarcado de coerción gracias al efecto que provoca el género en la vida de todas las mujeres y todos los hombres. La violencia dentro de la pareja en muchos lugares es totalmente legal y admisible, pero, donde no lo es, es tan frecuente como en el resto del mundo, porque es muy necesaria para mantenernos sumisas.

Programmadas sin objeción[13]
Violencia sexual dentro de la pareja

Aviso: en algún momento se describen escenas sórdidas de violencia sexual (se avisará con antelación).

Ayer fue solo verlo y se me erizaron todos los vellos del cuerpo. Se acercó a mí y sentí mi piel intentar abandonarme para envolverlo a él. Cuando se aproximó, su olor inconfundible activó todo el engranaje sexual de mi organismo. Creo que ya empecé a lubricar. Entendí que las sensaciones eran recíprocas, como otras tantas veces. Su boca cerca de mi oído mientras me hablaba pedía en subtítulos que la dejara entrar por todos los poros y orificios de mi corteza y mi clítoris, absolutamente erecto, clamaba su tacto... Terminamos encerrados en un baño público, apartando torpemente la ropa para poder hacer el amor mientras ahogábamos los gritos de placer, porque la urgencia del deseo no nos permitió esperar más...

Esto es sexo sin violencia. Esto puede ocurrir con la pareja, con un amante ocasional e, incluso, algo parecido podría suceder con un absoluto desconocido. Es saludable, es reconfortante, es divertido... Y es maravilloso.

Ayer fue solo verlo y se me erizaron todos los vellos del cuerpo. Se acercó a mí y sentí mi piel intentar abandonarme para envolverlo a él. Cuando se aproximó, su olor inconfundible activó todo el engranaje sexual de mi organismo. Creo que ya empecé a lubricar. Entendí que las sensaciones eran recíprocas, como otras tantas veces. Su boca cerca de mi oído mientras me hablaba pedía en subtítulos que la dejara entrar por todos los poros y orificios de mi

---

13.- https://bruxabona.com/2020/08/20/programadas-sin-objecion/

corteza y mi clítoris, absolutamente erecto, clamaba su tacto… Pero otra vez me rechazó. No me lo explico. Ya van varias veces desde que vivimos juntos. En el año de relación previa a la convivencia hacíamos el amor prácticamente todas las veces que nos veíamos. Desde que compartimos las paredes que llamamos hogar, no soy capaz de saber cuándo me desea y cuándo no. Ayer parecía que mi apetito sexual por él era recíproco. Siento un infierno cada vez que rehúsa mi llamamiento sexual, una mezcla de vergüenza e inseguridad difícil de describir. Además, si le digo algo o le pregunto por el estado de su atracción hacia mí, se enoja y me afea el comentario con la afirmación absurda de que él no es una máquina sexual. Es todo muy extraño.

Esto otro es violencia sexual dentro de la pareja. Se trata de otro panorama, más oscuro, que no termina aquí, porque después de esta situación lo más corriente es que venga esta otra:

Hoy, por fin, hemos vuelto a hacer el amor. Hacía siglos… Sin embargo, precisamente hoy yo no tenía ninguna apetencia sexual, estaba cansada, pensando en otras cosas. Es algo poco habitual en mí, pero, justo hoy no estaban mi cabeza y mi cuerpo en ese modo. Al principio intenté, ingenua, rechazarlo, pero él empezó a insistir con esa sonrisa irresistible, recordando dulcemente mis quejas por la poca frecuencia de nuestros encuentros sexuales. Y así fue como acabé diciendo que sí, muy consciente de la importancia de aprovechar esas escasas oportunidades que me brinda mi amante y con el tiempo que llevaba esperando ese momento muy presente. Triste baile el mostrado, al menos para mí, que tuve que rebuscar el deseo en lo más profundo de mi acervo de fantasías eróticas sin grandes resultados. Pero bueno, al menos he sentido su calor y su olor y ha estado muy cariñoso…

Esta situación aquí descrita es, moralmente, abuso sexual.
En circunstancias como esta queda claro, como en otras más
populares y conocidas, que no basta con el consentimiento,
ese otro tabú que es necesario desmontar ya. Directamente
relacionada con esta realidad viene esta otra escena ya con
toda su carga de pesadilla.

(Atención: se describen escenas muy desagradables):

Poco a poco parece que estamos reanudando nuestra vida sexual, pero esta se ha vuelto pobre y diferente. Él es ahora torpe y egoísta: finaliza nuestro coito sin importarle mi placer, incluso justo cuando yo estoy a punto de alcanzar el clímax, cosa que nunca antes había hecho. Hay otro asunto que me preocupaba aún más y hace pocos días decidí romper el silencio; por fin me he atrevido a confesarle que hay una postura que siempre hacemos y que a mí me duele horrores, pero su reacción ha sido muy negativa a mi comentario, se quedó muy serio, callado. Estuvo horas sin hablarme. Yo pensaba que era por no haberlo hablado antes. Cuando practicamos sexo parece que se ha olvidado de todo mi cuerpo, se centra solo en la penetración y lo que la hace más cómoda, sin más. Además, últimamente, tiene la costumbre, muchas veces, de erguirse sobre sus rodillas y mirarme desde arriba, mientras me penetra con sacudidas violentas, con un gesto muy agresivo que me da mucho miedo y me baja tanto la libido que, a veces, acabo teniendo serios problemas de sequedad e incluso el coito termina por ser muy doloroso. Le pedí por favor que dejara de hacerlo y otra vez se enfadó muchísimo, pero esa vez fue mucho peor. Me recriminó que nuestra vida sexual era un desastre por mi culpa, porque la única postura en la que él disfruta es aquella que a mí me duele tanto (ahí vi la razón de su enfado cuando se lo expliqué) y además ahora le hablo de miradas que no me gustan. Terminó diciéndome que he cambiado y ahora en la cama soy un desastre, que no disfruta conmigo porque yo tengo un problema. No sé qué pensar... Creo que me estoy volviendo loca... Me siento completamente esquizoide... No sé qué hacer... Esto se me está escapando de las manos... No sé qué realidad es la verdadera; la que yo percibo o la que él me cuenta.

(Aquí termina la descripción de la violencia)

Esto son violaciones continuadas combinadas con luz de gas (hacer creer a la mujer que lo que ella percibe no es real, sino que lo real es lo que el maltratador le cuenta) y violencia verbal (el silencio). Esto es una tortura muy bien orquestada con el fin de tener a la víctima donde él quiere; destroza la autoestima y anula cualquier capacidad de reacción. Estos episodios de violencia más explícita suelen ir seguidos de ciclos de muestras de cariño e incluso de sexo del bueno, lo que solemos llamar luna de miel, con lo cual, el cerebro de ella, que ha ocultado la violencia, porque no la soporta —literalmente—, se regodea en esos momentos en que él está de buen humor y se muestra otra vez apasionadamente atraído por ella, llegando a olvidar la violencia sufrida. El violador la mantiene a su lado con la autoestima suficientemente dañada como para que ella ya no pueda tomar decisiones pensando en sí misma. La tiene donde quiere y ella no puede hacer nada por evitarlo.

No necesita ejercer la violencia física más conocida. No ha necesitado rasgar las vestiduras de su pareja y penetrarla brutalmente como nos han hecho creer que es la violencia sexual dentro de la pareja. Ha jugado muy hábilmente para violar sin que la víctima sea consciente de que ha sido violada. Y así lo hará todas las veces que lo necesite para seguir controlándola. Se repetirá el ciclo: empezando por el primer episodio en el que narrábamos una fantástica escena de buen sexo y terminando (o no) con el horror del final. La violencia sexual forma parte de todo el sistema de sutiles violencias con la que manipula y destruye a su pareja, a la que puede llegar a no agredir nunca de forma más obvia (lo cual es bastante difícil, pero puede suceder), o hacerlo en una situación en que se pueda justificar (respondiendo brutalmente a un bofetón de ella, desesperada ya y perdida, por ejemplo). Es muy posible que no necesite pegarle para lograr su fin (controlarla) y solo por esa razón no lo hace.

Ella solo saldrá de esa espiral infernal si es capaz de quitarse la venda e identificar las diferentes partes (seducción, agresión, luna de miel...) del ciclo de violencia tan sutil que está sufriendo y necesitará toda la ayuda psicológica que demanda cualquier víctima de un trauma de tal calibre como el de sufrir un atentado terrorista, por ejemplo.

Si en España hay jueces que ven jolgorio en una grabación en la que cinco energúmenos violan a una joven, imagínense qué dirían de lo aquí descrito si nuestra víctima denunciara. Esta violencia es mucho más común de lo que parece. Estas secuencias aquí noveladas escenifican el infierno que viven muchísimas mujeres en su pareja, se basan en hechos concretos y reales. Es mucho más común de lo que creemos y, lo peor de todo, es que el patriarcado se ha encargado con su manipulación simbólica de enseñarnos qué es violencia y qué no para que la víctima no sea consciente en ningún caso de lo que está sufriendo. Esta mujer sin nombre que nos cuenta su infierno en primera persona puede llegar a decir que ese monstruo es muy buena persona y un buen padre. Y lo dice porque lo cree, porque esa violencia moldea el cerebro de la secuestrada a favor de lo que el narcisista que la tiene captada quiere.

Cualquier mujer puede caer en manos de estos perversos, desde la feminista más radical hasta la catedrática en Biotecnología más laureada, porque el patriarcado nos tiene muy bien programadas para ello, a nosotras y a la sociedad entera.

Necesitamos mucha literatura, cine, arte que cuente la realidad que no se ve, la que al patriarcado le conviene que siga oculta. Hay que dejar de asociar la violencia contra la mujer solo a la fuerza física y sacar a la luz la más tremenda y real, que es la que aquí se describe.

Valgan estas letras llenas de dolor y angustia para resarcir a tantas hermanas que sufren esta forma inconfesa de violación rutinaria y abrir esos ojos vendados por el propio violador manipulador.

Y ya, puestos a pedir, pidamos la utopía de una Ley de Violencia Contra la Mujer que incluya la inversión de la carga de la prueba, de manera que sea el maltratador el que tenga que demostrar que no cometió la agresión y no la víctima la que deba pasar infinitos peritajes tan poco fiables como los peritos que los llevan a cabo y termine por ser nuevamente violada metafóricamente por el sistema.

Silenciosas las mujeres han sido[14]

«Cómo»

Todo acabó: un final feliz. Así comienzo en mi diario la entrada en la que explico otro de mis nacimientos: el 26 de septiembre de 1996, el día que salió la última nota que me daba la licenciatura que saqué mientras me ganaba la vida en innumerables trabajos mal pagados y sin ningún tipo de cobertura social ni validez legal. Fue un nacimiento doloroso, como lo son los reales, pero era un premio que no supe ver: era una vida ganada y merecida. La situación laboral estaba a punto de dar un giro del que era algo consciente, ya que empezaba a preparar oposiciones, pero que no imaginaba en profundidad.

Por aquel entonces yo ya había decidido dejar de escribir con cualquier intención estética o divulgativa, pero el vicio nunca se fue, por fortuna, y mi diario era mi momento de droga literaria. Y eso, como el feminismo, también me salvó la vida. En él no solo recogí todos mis nacimientos y florecimientos, sino, también, todos los incendios, podas, intentos de tala y destrucción que esta

---

14.- Storni, Alfonsina: *Bien pudiera ser*

estructura exterminadora para las mujeres que llamamos patriarcado dispuso para mí a lo largo de mi vida.

El camino hasta la adultez en la que nos sometemos en la mayor parte del mundo y ofrecemos sin miramientos nuestra salud, vida y dignidad pasa por un mecanismo perverso que tiene miles de medios, pero un mismo fin. Podemos ver algunos ejemplos aquí:

La base de la pirámide[15]

Un pequeño aporte a la lucha contra la violencia hacia la mujer que el 25N pretende visibilizar.

Veamos una serie de situaciones reales que tenemos interiorizadas como habituales y de las que se suele invisibilizar su carácter violento contra la mujer:

- *Una enfermera en la sala de partos, al ver la vulva de la recién nacida: «¿Quiere que le haga los agujeros?» Perforar los lóbulos de las orejas de una niña al nacer y ponerle unos pendientes es violencia.*

- *Extirparle el clítoris, coserle los labios... a una niña es una violencia que les ocurre por haber nacido con vulva y pertenecer a la mitad de la humanidad. Es uno de los horrores más visibles que siguen sufriendo millones de niñas al año en el mundo. M I L L O N E S.*

- *Una niña de tercero de primaria: «Mamá, los niños nos levantan la falda en el patio» No son juegos infantiles, es la reproducción de una sociedad machista; es violencia. Si en el colegio distinguen uniformes diferentes para las niñas y para los niños, forman parte del problema.*

- *La mayoría de la cuentísitica tradicional europea recogida por Perrault o los hermanos Grimm es*

15.- https://bruxabona.com/2020/11/25/la-base-de-la-piramide/

preparación para la violencia que en el siglo XX el emporio Disney se encargó de perpetuar.

- *La división en todas las tiendas, pequeñas, medianas y grandes superficies dedicadas al público infantil de los juguetes en dos secciones destinadas a los dos sexos nos preparan desde bien pequeñas para ponérselo fácil a la violencia machista.*

- *Una alumna de 1º de ESO: «Profe, este niño está todo el día tocándonos el culo». No es una broma, no tiene gracia, no son tan pequeños: es violencia.*

- *Millones de niñas se ven obligadas a casarse con hombres que pueden tener veinte, treinta, cincuenta años más que ellas. Muchas mueren en los partos.*

- *Una niña de quince años: «El profesor de Educación Física nos pone por parejas a hacer un ejercicio y a mí me ha tocado con un chico que me toca más allá de donde debería». Doble violencia: la del chico y la del profesor.*

- *Que un adolescente se asome al baño de chicas para mirar por encima de la puerta o a la ventana del vestuario de las chicas del gimnasio es violencia.*

- *Una chica en la veintena un sábado por la noche: «El otro día estaba haciendo equilibrios mientras meaba en el baño del bar **** para no tocar aquella taza, cuando el gilipollas de ***** empujó hasta abrir la puerta y dejarme expuesta ante todos sus amigos». No es ninguna broma graciosa de un grupo de borrrachos. Es violencia. Los tocamientos en los bares, discotecas mientras bailamos, estamos, nos reímos... son violencia.*

- *Un chico a su novia que tiene un problema en el ordenador, el móvil o algún dispositivo: «Si me das la clave, miro yo si tienes un virus, que de esto controlo». Lo único que controla y quiere controlar es a su pareja.*

- Cuando una mujer acude al servicio de ginecología y no puede elegir que le atienda una mujer, es violencia. Que se la trate de manera infantil y se le haga daño en la consulta es violencia.

- Un novio que, por circunstancias concretas, no vive en el mismo lugar que su pareja: «Si es verdad que me quieres tanto como dices, no entiendo por qué no estás nunca en casa cuando quiero hablar contigo para que tengamos algo de intimidad». Hablar con él todos los días, que mande mensajes continuamente, que se haga omnipresente en la vida de ella no son muestras de amor, es violencia.

- Un grupo de jóvenes: «Ayer entré en Porn*** (la mayor plataforma de internet) desde el ordenador de mi padre, ¡vaya nivel!». La pornografía es la versión filmada de la prostitución. La prostitución es el blanqueo moral de la violación más atroz. Es violación filmada como parte importante de la educación sexual de generaciones.

- La coerción que hace que las niñas musulmanas se velen en las distintas formas que existen es violencia.

- Una madre a su hija que ha dejado a su novio porque practicaba sexo continuamente con otras mujeres: «Hija, qué antigua eres», «No aguantas nada, los hombres son así, ya se sabe, pero a ti es a la que quiere de verdad». La poligamia es una violencia que se muestra de diversas formas: en forma tradicional y bendecida por los ritos, como ocurre en algunos países teocráticos o en forma posmoderna como con el famoso «poliamor». Es exactamente lo mismo: el sometimiento por parte de un varón a varias mujeres. Se puede maquillar con mil moderneces, pero, mientras vivamos en un patriarcado es y será violencia machista.

- Que un juez vea jolgorio en una grabación de una violación grupal es violencia judicial.

- *Que un hombre haga que su pareja deje de fiarse de sus percepciones negando siempre la realidad, es violencia luz de gas.*

- *Que no se reconozcan síntomas de enfermedades que solo tienen las mujeres es violencia sanitaria.*

Además de todo lo descrito, que se aprueben o propongan leyes que nos borran a las mujeres, que pretenden convertir algunas de las violencias aquí descritas en algo natural y deseable y que suponen un retroceso a los avances conseguidos en igualdad en las últimas décadas es violencia gubernamental ejercida por quien debía protegernos.

Llegamos las mujeres a nuestros primeros pasos en solitario por la senda del mal con una mochila bien cargada de sinrazones que guían nuestro camino. Y así llega la jugada maestra capitalista de la libre elección. Cuando se cocinaba ya en los últimos hervores la mujer que soy en la extinta Facultad de Filología de la Universidad de Oviedo, donde la gran mayoría del alumnado eran mujeres, ser feminista era casi obligatorio, por fortuna, con lo cual, ninguna se atrevía a decir que no lo era y todas creíamos serlo sin tener amplios conocimientos de la teoría feminista. Aún así, lo proclamábamos orgullosísimas en cuanto teníamos ocasión. En aquellos hacendosos años de formación ideológica recuerdo una compañera, de esas súper feministas, que tenía la tendencia, por darle un nombre amable, o así lo creíamos nosotras, de mantener relaciones con hombres que le duplicaban la edad en la misma medida en que carecían de cualquier atractivo físico imaginable, ni siquiera para las de sus mismos años. Debo añadir a la mención de esta peculiaridad de la compañera el hecho de que a nuestras mentes ya bien manipuladas nos resultaba su actitud de lo más transgresora. Sí, créanlo, así pensábamos.

Pero el feminismo y los años corrigen la vista y hoy sabemos lo que sabemos:

Hombre mayor con mujer joven al fondo[16]

El patriarcado, ese sistema sexista, opresor, con miles de años de antigüedad que, a través de diferentes formas de dominación (feudalismo, capitalismo...) mantiene los privilegios de una clase, los hombres, con la subyugación de la otra clase, las mujeres, se mantiene en estos tiempos de incertidumbre y oscilación cimental para él, entre otros motivos, gracias a estar inyectado en toda la cultura, incluyendo la vida privada y personal. Es en este ámbito donde se suelen denunciar los micromachismos. La palabra micromachismo no engloba actitudes con una carga pequeña de machismo, sino que se refiere a la sutileza del mismo para ser reconocido. Normalmente no suelo emplear esa palabra porque el prefijo »micro» la descarga de la gravedad que por lo general esconden esas actitudes. Por ejemplo, un hecho considerado micromachismo es el tropiezo deliberado, pero aparentemente accidental, de un hombre con algunas partes de nuestros cuerpos (tocar los pechos o los glúteos intencionadamente haciendo que parezca absolutamente fortuito al cruzarse o hablar con una mujer) es, en realidad, una agresión sexual en toda regla.

Un micromachismo del que quiero hablar, precisamente, son las relaciones heteropatriarcales en desigualdad entre un hombre mayor y una chica joven. El otro día me sorprendía cómo una amiga, cuyo discurso habitual es rayano a las líneas básicas del feminismo, aunque no autoproclamado así, defendía una relación entre un hombre de trein-

---

16.- https://bruxabona.com/2019/04/16/example-post-2/

ta y cuatro años y una joven de veintiuno. Sus argumentos seguían la línea androcentrista a la que el patriarcado nos ha habituado y de la cual muchas veces ni nosotras mismas somos capaces de despojarnos: « ella es muy madura para la edad que tiene, le gustan los hombres maduros y está harta de "niñatos"» —¡Como si el hecho de que un hombre tenga cierta edad garantizase algún tipo de madurez!— Lo que hacía mi amiga era mirar esa relación como miraría una relación homosexual o una heterosexual en la que la mujer fuera la mayor y eso limpia de impurezas la realidad y convierte la desigualdad existente en un machismo velado y difícil de detectar.

Desenmascaremos, pues, esta discriminación. Este sistema opresor susodicho nos tiene sujetas y encarceladas por una red tan sólida como una malla metálica que está formada por infinidad de eslabones entre los que se encuentra el asunto que se trata. Junto a este eslabón está el de los cánones de belleza patriarcales, relacionados ellos siempre con la juventud, y el más importante que sostiene a todos: la reproducción. Las mujeres somos máquinas reproductoras para nuestra sociedad de dominación masculina; de ahí que se asocie nuestro éxito social a valores tan fútiles como la belleza física siempre asociada con aspectos que denotan juventud y lozanía o, lo que es lo mismo, fertilidad. En la misma línea se puede inscribir la tendencia de los hombres a partir de cierta edad a buscar mujeres mucho más jóvenes que ellos. No quiero decir que conscientemente estos hombres se impongan renunciar a relaciones con mujeres de su edad o estar con mujeres mucho más jóvenes aunque no les gusten. En el inconsciente erótico colectivo de los hombres heterosexuales de nuestra sociedad está grabado a fuego el principio reproductivo mencionado: realmente se sienten atraídos por esas mujeres. Es el proceso inverso que sufren las mujeres con baja autoestima que se sienten atraídas por hombres que no las tratan como deberían. En ambos casos la labor individual de la persona es saber identificar estas toxicidades y renunciar a ellas. Para la persona en inferioridad de condiciones, la mujer, es mucho más difícil que para el que ejerce la opresión, el hombre. Es mucho más sencillo reconocer nuestros privilegios y renunciar a ellos que reconocer la dominación y luchar contra ella.

Partiendo del hecho de que hablo de generalizaciones para las que siempre hay excepciones, constatemos que, cuando un hombre homosexual o una mujer se aventuran afectivamente con una persona mucho más joven, se plantean muchas dudas y pueden, incluso, decidir renunciar a la relación, por el bien de la otra persona. Se piensa que la diferencia de edad puede jugar un papel de desventaja en la persona menor, que detrás de esa admiración o enamoramiento pueda haber componentes tóxicos (baja autoestima, búsqueda de madre ausente...) Esto no ocurre en el caso de que un hombre heterosexual comience una relación de pareja con una mujer mucho más joven, porque hay todo un engranaje social detrás aplaudiéndola. Si lo miramos desde la perspectiva de género, jamás podremos apoyar este tipo de parejas, porque sabemos que son la herencia de milenios de dominación, que, hasta hace pocas décadas, era el denominador común de tantos matrimonios de conveniencia y que aún hoy hay muchísimas mujeres jóvenes que se ven forzadas a casarse con hombres mayores que ellas.

A parte de todas estas razones tantas veces argüidas en otros tantos foros, hay en estas parejas un componente psicosocial más sutil que también incurre en desventaja y desigualdad para la mujer. Sin entrar en coloquios eternos sobre ese concepto tantas veces aludido en las últimas décadas, no podemos evitar hablar de la famosa inteligencia emocional. También aquí hay que argumentar con las gafas violetas puestas. En un sistema desequilibrado con clara inferioridad de las mujeres, dicha inteligencia no se desarrolla igual en ambos sexos. La inteligencia emocional, entre otros aspectos, incluye nuestra posición frente al sistema en el que vivimos, nuestra crítica social y actitud ante esta. La conciencia de clase (me refiero a la clase oprimida como el conjunto de todas las mujeres) en nosotras evoluciona con los años, con lo cual, cuantos más años, más sensibilización feminista. Es evidente que a una temprana edad es más difícil haber desarrollado las armas necesarias para luchar contra las infinitas violencias y discriminaciones que podemos sufrir en pareja.

En definitiva, no hay duda de que, consciente o inconscientemente, cuando un hombre tiene una relación afectiva tradicional con una mujer mucho más joven que él, esconde una finalidad oscura: dominarla mejor.

De ahí que sea tan importante en la lucha contra la desigualdad, señalar, identificar, explicar y analizar comportamientos sociales tan perjudiciales en el ámbito privado, llamados micromachismos, pero que forman parte de la base de ese iceberg que constituyen todas las violencias machistas que nos oprimen. No se trata de censurar, intervenir o manipular, las mujeres no necesitamos ser tutorizadas, se trata solo de denunciar a la luz pública para que las víctimas nunca se sientan solas independientemente de las decisiones que tomen o que hayan tomado. Sabemos que no debemos decirle a nuestra hermana que tiene que dejar a su pareja, que la maltrata, porque perderíamos a la hermana, que se verá sola con su maltratador; de ahí que debamos limitarnos simplemente a señalarle que el amor no duele. Apliquemos las mismas estrategias en las parejas de hombre mayor y mujer joven. No interfieran en el romance de su amiga con un hombre mayor; constaten los hechos desde el apoyo incondicional a sus decisiones, pero conscientes de que puede estar en mucha desventaja. Es decir, si una amiga, hermana e incluso una hija con hábitos heterosexuales, se embarca en una relación con un hombre trece años mayor que ella, hay que estar a su lado apoyándola siempre, sin discursos paternalistas ni intentos de gobernar sus decisiones afectivas. Así se recomienda hacer ante cualquiera de las otras toxicidades machistas más conocidas y rechazadas por la opinión pública (malos tratos, celos, infidelidad unilateral no pactada...)Es un principio fundamental para mantener sólida nuestra red: es parte de la sororidad. Ahora bien, igual que nunca defenderíamos al maltratador por mucho que no interfiramos en la relación de la mujer que queremos con él, creo que debemos empezar a aplicar las mismas líneas a todas las toxicidades, reconocidas o no, tradicionales o no.

Dejemos, sencillamente, de justificar lo injustificable y denunciemos siempre estas desigualdades.

Y fueron nueve lunas y fue toda una angustia[17]

«¿Por qué?»

En aquellos mis primeros años de crecimiento tuve la grandísima fortuna de no llegar a gestar por accidente, ya que no lo deseaba. Digo fortuna, porque el amor al riesgo que imprime la juventud y la inconsciencia colectiva que imperaba en la época hizo que no siempre adoptara la profilaxis exigida en unos años en que una pandemia nunca reconocida como tal campaba a sus anchas sin remedio ni vacuna. Eran los horrorosos años del sida. Tuve fortuna en todos los sentidos porque tampoco aquel horrible virus estuvo jamás en mi cuerpo.

La maternidad no entraba en nuestros planes entonces ni la veíamos en un futuro próximo. Fuimos la generación que postergó la maternidad a esas edades *antibiológicas* que superaban la treintena e incluso alcanzaban la cuarentena. Yo no quería ser madre. Lo tenía muy claro. Pero no siempre siguió siendo así, porque el patriarcado de la libre elección en el que yo crecí siempre nos depara sorpresas.

17.- Concha Méndez: *Se desprendió mi sangre...*

De la maternidad y otros demonios

A partir del 1 de enero los permisos de paternidad se igualan a los de maternidad y ello ha vuelto a traer al frente el viejo debate dentro del feminismo aún sin solucionar. El abanico de posturas que inundan las redes sociales al respecto abarca desde el postulado que defiende la necesidad de que sea la madre y no el padre quien acompañe en la crianza hasta el tan acertado como irónico comentario sobre las vacaciones de que disfrutarán muchos mientras siguen siendo las madres y abuelas quienes cargan con el grueso del trabajo. La maternidad es la palabra que hace temblar los encuentros feministas y que lleva décadas en el rincón de los puntos oscuros de la lucha por el sangrado mental que produce entre algunas. Aunque en el origen del movimiento no quedara reflejado para los anales como uno de los puntos incluidos en la agenda política, en las últimas décadas ha entrado con fuerza y ha enfrentado posturas dentro de las diferentes corrientes.

No es este el momento ni el lugar de hacer un análisis diacrónico del tratamiento del tema en el feminismo, ni siquiera tiene este pobre pergamino ensayístico multiuso ínfulas de profundos análisis filosófico-antropológicos del asunto. Pero, desde hace décadas, la que escribe sufre un profundo prurito ideológico que le hace muy incómoda la lucha feminista y ha decidido, porque puede, entre otras razones, argumentar su opinión al respecto, trabajada con meditación y aliñada con lecturas y formación durante décadas.

Dichas estas razones y excusas de cobarde ante la pronosticada lluvia de golpes de fuego amigo que me vendrán tras publicar este texto, empezaré enmarcando mi postura en el ideario donde se asienta desde sus inicios. Si quien lee estas líneas lleva tiempo siguiéndome y conoce mis preferencias políticas, sabrá que soy marxista, materialista, por tanto. El análisis materialista marxista tan bien aplicado al feminismo por otras mujeres de referencia mucho más listas y formadas que yo nos deja una premisa difícil de refutar: la mujer es una clase oprimida por el hombre y el origen de esa opresión es su capacidad reproductiva. Nuestra plusvalía sería todo ese trabajo no remunerado ni reconocido que venimos haciendo en los últimos milenios y del que no nos llegamos a beneficiar ni en un 10%. A partir de este momento creo que conviene advertir que quien no comparta esta base ideológica, difícilmente compartirá el argumentario que sigue.

El sistema en el que se asienta esa opresión de la mitad de la humanidad a la otra mitad lo conocemos, desde hace unas cuantas décadas, con el nombre de patriarcado. Ese sistema opresor evoluciona y varía a lo largo de los siglos manteniendo inmutable esa desigualdad que necesita por ser pieza fundamental de todo el engranaje. Ha conocido formas que aún existen en parte de nuestra geografía, como el llamado patriarcado de coerción, que lo encontramos en culturas como la islámica (pero no solo, que conste). Sin embargo, el patriarcado que triunfa en el capitalismo es el que se conoce como el de la «libre elección».

¿Qué significa eso de la libre elección? Es un mito muy bien diseñado que el sistema divulga entre sus acólitos para justificar, no solo gran parte de las violencias que sufrimos las mujeres, sino también toda nuestra opresión. Lo solemos criticar mucho, por ejemplo, cuando argüimos contra el horror del negocio de la violación que el patriarcado lleva siglos disfrazando eufemísticamente con términos como «prostitución» o «pornografía». Las feministas (no voy a decir abolicionistas por evitarnos el pleonasmo) sabemos que ninguna mujer elige libremente dejarse violar por dinero, pero se nos bombardea con ese absurdo desde los sectores próximos al proxenetismo y los violadores moralistas (es decir, los puteros). Esta explicación se puede extender a absolutamente todos y cada uno de los actos que

realizamos las mujeres (y que no hacen los hombres) a lo largo de nuestra vida. No nos arrancamos el vello de la piel por libre elección, ni elegimos libremente la empatía por encima de todo, anteponiendo la atención y el cuidado a cualquier persona antes que a nosotras mismas.

Tampoco elegimos libremente ser madres.

Hacemos todo esto porque estamos programadas para ello por el propio sistema. La maternidad está impuesta del mismo modo que la depilación. Son estereotipos que asumimos porque las personas somos animales sociales y necesitamos la sociedad para sobrevivir. No elijo depilarme, maquillarme o vestirme como me visto, lo hago porque mi imagen es la puerta que me abre las relaciones con el resto de la humanidad y es un precio que considero asequible. La maternidad la elegimos las mujeres porque la sociedad nos lo ha imprimido en nuestras neuronas desde el nacimiento hasta el último de nuestros días fértiles.

Entonces, si la maternidad no solo no se elige libremente, como la prostitución, sino que, además, es el origen y la causa de toda nuestra opresión, ¿por qué las feministas no están también de acuerdo en su abolición? Obviamente, cuando hablo de «abolición de la maternidad», no estoy haciendo ninguna apología de la extinción de nuestra especie. Tampoco es este el momento ni el lugar para el debate sobre el tema del exceso de humanos en el planeta y cómo convendría reducir la tasa de natalidad. Este es el foro en el que quiero explicar por qué creo que debe abolirse el trabajo reproductivo. Los cuidados, como tanto le gusta llamarlos a la posmodernidad, deben socializarse. Hace ya trescientos años que se socializó la educación y la mayoría de la población parece beneficiarse de ello. No creo que la solución esté en dar permisos a las madres para que se aparten de su carrera y vuelvan a la condena de la crianza en sus casas, ni en concedérselos a los padres que, como ya se ha dicho más arriba, en la mayoría de los casos no se van a responsabilizar en la misma medida que la mujer.

La naturaleza ha preparado a las hembras para que desarrollen una dependencia hormonal de la oxitocina que ayuda en un estado salvaje a que no abandonen a sus crías en aras de la supervivencia. Pero en el siglo de la nanotecnología esa dependencia la aprovecha el patriarcado para que elijan libremente estar con sus criaturas antes que estar desarrollando su actividad profesional, artística, intelectual e, incluso, activista.

En un país en el que apenas hay servicios de guarderías y se utiliza políticamente la enseñanza de cero a tres años como moneda de cambio sin acabar de instaurarla, nos miramos en el espejo patriarcal de países donde se les ofrece a las mujeres jaulas de oro, incluso con buenos sueldos, para que abandonen cualquier otro sueño que no sea el de servir a su comunidad como deben: siendo madres. Se ha dicho que la igualación de los permisos ayudará en la inserción laboral de la mujer, porque la maternidad ya no será excusa para... —Exacto: ¡excusa!—. Yo no creo que las cosas vayan a cambiar, porque la posible maternidad no era más que eso: una excusa para cerrarnos las puertas de donde el sistema nunca quiso tenernos: el mundo laboral.

Es posible que, en un futuro utópico feminista —que cada vez dudo más que llegue— haya hombres y mujeres que prefieran estar cuidando de sus hijos que haciendo cualquier otra cosa; esa sociedad premiará probablemente a esas personas por tal sacrificio. Pero en esta sociedad, más bien distópica, las medias jornadas, los permisos, todo el trabajo reproductivo acaba siendo elegido libremente por mujeres en el 90% de los casos, con lo cual, ni los permisos de maternidad, ni los de paternidad, ni las reducciones de jornada nos hacen más libres, sino todo lo contrario.

En los años noventa el aborto estaba regulado por una ley de supuestos que dejaba pocas opciones a las mujeres. Sin embargo, no había una persecución tan feroz como en épocas anteriores y me tocó acompañar a amigas a clínicas privadas, que era el único sitio donde se podía practicar. Al patriarcado no le interesa permitirnos abortar porque la maternidad es la razón de nuestra opresión y, a la vez, la cadena más férrea que nos mantiene alejadas de nuestras carreras, el activismo o el contacto con otras mujeres para poder tener esa conciencia de clase que tanto se extraña entre las mujeres.

El patriarcado presiona tanto a la mujer para que no se aleje ni un ápice de su función que pocas son las que logran salir indemnes y continuar firmes en su decisión de no tener hijos. Yo fui una de esas víctimas de la feminidad que se sometió a la dictadura de la industria reproductiva cuando sucumbí al imperio patriarcal e intenté quedarme embarazada a una edad en que la biología no nos deja un cuerpo idóneo para un primer embarazo y un parto. Por fortuna, nuevamente no funcionó y no tardé en recordar cuál era mi verdadero deseo desde que tenía memoria: no ser madre.

Cuando esgrimía mi renuncia a la maternidad como acto de irreverencia no lo hacía consciente de lo que realmente era. No lo veía como una auténtica acción feminista, sino como una transgresión más de mi guerrera juventud. En el fondo toda mi vida la he vivido con una chispa eterna que cada poco encendía la mecha de la hoguera para los ropajes del género, pero no siempre supe verlo. Si lo hubiera visto como otro golpe más al patriarcado, nunca me habría dejado llevar por el contagio social que me hizo someterme a un horrendo tratamiento hormonal e intervención para extraerme unos ovocitos que fueron fecundados mediante ICSI para luego insertármelos en otra intervención. O al menos eso fue lo que me dijeron, porque, con lo que sabemos ahora y viendo cómo me intentaron vender el uso de óvulos comprados para que el macho, que se había negado a una inseminación con otro componente genético que no fuera el suyo, pudiera tener su descendencia usándome a mí y a otra pobre explotada para extraerle sus ovocitos, no tengo ninguna fe en que todo ese proceso realmente sirva.

La base de la rebeldía contra la feminidad sostenía mi decisión a los doce o trece años de negarme a hacer más trabajo en casa del que mis hermanos mayores hacían. Pero eso sí lo entendí como feminista, lo que hizo que mantuviera esa actitud política en mi vida privada siempre.

Que la naturaleza siempre alterna[18]

«¿Para qué?»

Uno de los momentos más horrorosos que dejaron una mancha imborrable en el oasis de mis años de vuelo en la universidad fue cuando un compañero me intentó violar. No se trata solo del propio trauma que supone esa violencia sexual, sino también el tremendo entorno en el que se sucedieron los acontecimientos: yo había seducido al compañero, de lo que eran testigos casi todas las personas de nuestro círculo. Ahora sé que eso también forma parte de la causa del intento de violación: seducir a un hombre es una transgresión que debe penalizarse.

De topos y otros animales feroces[19]

Análisis político materialista del papel del hombre en la lucha feminista

Aunque no se encuentra entre los que más me han afectado o traumatizado, tengo muy vívidos y presentes (siempre hay que tenerlos) los recuerdos de una agresión que sufrí en mi divino tesoro allá en los fantásticos noventa. No voy a entrar en detalles desagradables, porque no es mi

---

18.- Sor Juana Inés de la Cruz: *Primero sueño*
19.-https://bruxabona.com/2023/02/20/de-topos-y-otros-animales-feroces/

intención hacer revivir a ninguna los abismos de dolor que el terrorismo machista imprime en nuestras personas. La agresión se solucionó, afortunadamente, antes de que la violencia física se extremara, con un ejército de limpiadoras que irrumpieron mágicamente en aquel rincón de la facultad donde el innombrable (desgraciadamente nunca olvidaré su nombre) me tenía aprisionada dispuesto a violarme sin miramientos. Aquella aparición hizo que me soltara y yo pudiera echar a correr. De todo este horror que estoy actualizando me interesa mucho el detalle de que el joven en cuestión era un habitual de los círculos feministas de estudiantes del momento. Era de los que organizaba el 8 de marzo con nosotras y le gustaba encabezar las manifestaciones...

Lo más llamativo es que no es el único con historial de agresiones misóginas que engrosa la lista de los conocidos que llevan décadas inmersos en nuestra lucha. Tengo nombre y apellidos de un puñado de ellos que siguen a día de hoy implicadísimos en el movimiento de liberación de las mujeres. La razón de que estos hombres se involucren tanto en movimientos feministas es la misma por la que los pedófilos y pederastas buscan siempre ambientes en los que puedan estar rodeados de niñas y niños: nada garantiza más a estos depredadores un ambiente repleto de mujeres que los colectivos feministas.

Sin embargo, la prevención contra ellos y convertir los espacios de lucha en espacios seguros para las mujeres no es, ni de lejos, la razón de más peso para cuestionarse la presencia masculina en el feminismo. A este respecto puedo decir que, aunque no tengo un análisis basado en evidencias científicas, no dudo que, de tenerlo, el porcentaje de misóginos violentos entre los hombres que se implican en nuestra causa es muy similar al que existe entre todos los hombres en general. Es un análisis estructural (bendita escuela académica que me formó) lo que necesito para explicar este punto nada exento de conflicto.

Para empezar, me gustaría hacer a este propósito, un poco de historia, aprovechando el trabajo de tantas y tan grandes mujeres que dedican y dedicaron tiempo y cerebro a los estudios feministas. No voy a extenderme bibliográficamente, porque esto no es ningún trabajo académico, pero sean nombradas, por haber sustentado y sembrado mis pensamientos y todas mis dialécticas feministas, algunas de las grandes: Ana de Miguel, guiada y presidida por Celia Amorós, o las propias Shulamith Firestone, Kate Millet o Gerda Lerner, entre muchas.

Así es que, según he aprendido de las grandes teóricas, el lento pero eficaz movimiento feminista empezó siendo abrazado y amparado por muchos varones (que no pienso nombrar, por la sencilla razón de que así puedo hacerlo, sin más). Tanto sus gérmenes, antecedentes e inicios, como toda su andadura durante casi doscientos años o siglo y medio, dependiendo de la teoría a la que nos adscribamos (yo soy más de la de Amelia Valcárcel, la de los doscientos años), se vio salpicada de figuras masculinas con diferentes papeles en cada momento o situación. Así llega nuestra causa al último cuarto del pasado siglo.

En los años sesenta se producen innumerables movimientos subversivos a lo largo y ancho del planeta con una fuerte ligazón con el movimiento obrero y su sustento ideológico: el materialismo marxista. El feminismo no fue ajeno a ellos y el contagio hizo que se empezase a aplicar el dogma materialista al análisis feminista. Así nace lo que hoy conocemos como feminismo radical, que se diferenció del liberal (no lo entendamos, por las diosas, en el sentido capitalista del término) por sus tesis. Sin detenerme en todo el detalle de los estudios de nuestras antecesoras, aplicando dicho análisis materialista, es decir, análisis científico de una realidad material, queda asentado en la teoría feminista a partir de los años setenta que la mujer representa una clase sexual oprimida y el hombre la clase sexual opresora. El concepto de clase sexual sería sustituido

79

más adelante por el de género, que quedó fijado en la teoría feminista y todas sus aplicaciones a partir de la Cuarta Conferencia Mundial sobre la Mujer en Beijing 95.

Este análisis de las radicales va a suponer un punto de inflexión en muchos aspectos; de hecho, ellas empezaron a llamar al movimiento Movimiento de Liberación, *ya que de eso se trataba: liberación de la mujer con respecto al hombre, entendiendo ambos términos como una clase, similar, aunque no igual, a las clases sociales. Esta opresión, según las teorías del radicalismo feminista, es la que sostiene todas y cada una de las demás opresiones y desigualdades, es la base de todo (imprescindibles aquí Firestone y Lerner).*

Además, las feministas radicales establecen cuáles son los medios de esta opresión estructural en todos los ámbitos: público y privado. Lo personal es político, ¿recuerdan? Así, sentaron las bases de décadas de estudios de género que nos enseñaron que la mayoría de nuestras conductas sociales son fruto de esta socialización desigual y opresora.

Esta es la razón por la que, cuando hablamos de violencia machista, hablamos de violencia estructural, por la que decimos que nada tiene que ver que un hombre agreda a una mujer con que una mujer agreda a un hombre, por lo mismo, cuando hablamos de sexismo, lo hacemos solo en una única dirección: la del opresor a la oprimida.

A partir de este punto de inflexión, la perspectiva feminista impide no solo que el sexismo se pueda entender de manera bidireccional, sino también que la presencia de los hombres en nuestros espacios de encuentro de lucha pueda suponer un riesgo comparable a la presencia de empresarios en la lucha sindical, aplicando siempre, el análisis materialista antes descrito.

Estas tesis no fueron abrazadas por todo el movimiento feminista, que siguió su evolución por diferentes corrientes que derivan de aquellas dos grandes: el feminismo liberal y el feminismo radical. Relacionado con esta circunstancia de manera indirecta, está el hecho de que no todas las feministas vean con buenos ojos ni entiendan que el papel de los hombres en el feminismo es el de soporte desde la sombra y lucha contra la estructura que sustenta nuestra opresión: el patriarcado, atacando a la raíz, pero apoyando desde la retaguardia y enfrentándose a sus semejantes de sexo biológico en todos los ámbitos.

Las normativas que intentaban fomentar la presencia de mujeres en diferentes espacios, han sido muy hábilmente utilizadas por el engranaje patriarcal, con milenios de funcionamiento y aprendizaje, recordemos, en nuestra contra y, desgraciadamente, colectivos que impidan la presencia de hombres no son legales. Por ello tanto en partidos políticos, como asociaciones o agrupaciones debemos darles entrada, nos guste o no. Es a ellos, si realmente están concienciados, a los que les toca apartarse y jugar un papel simbólico. Al sistema le conviene que los hombres estén presentes en todos nuestros espacios, porque están socializados para hacer valer sus privilegios casi de manera inconsciente e impiden, así, en numerosas ocasiones, la participación activa de las mujeres en debates o dialécticas diversas.

A nosotras nos toca hacer análisis materialista y pensar que el hombre que sostiene la pancarta a nuestro lado el 8 de marzo no solo puede ser un agresor contra la mujer, sino que también es una pieza que el patriarcado necesita para seguir funcionando. Otra jugada maestra más del sistema quintacolumnista que nos domina.

Los hombres deben dominar siempre y eso es por una razón clara. Si decimos que las relaciones sexuales las entiende el patriarcado como una relación de poder, es porque el sexo, durante milenios, ha estado asociado a la reproducción. Esta es la clave de todo. El poderoso debe controlar tanto la producción de mano de obra esclava, barata y sumisa como de herederos para los diversos emporios. Los herederos han de ser genéticamente descendientes y, para poder garantizar tal condición, la mujer, por ser quien gesta, ha de estar estructuralmente sometida. De esta razón tan básica surge la eterna clasificación patriarcal de las mujeres: de un lado están las putas, las violables por cualquiera, aquellas que van a producir mano de obra esclava o de bajo coste y de otro lado están las santas, las que solo serán violadas por quien quiera perpetuar su estirpe. Los hombres de las clases trabajadoras llevan años emulando a los poderosos en esta división de trato a sus mujeres, sin saber no solo que para el poderoso todas las que no son la suya podrían serlo cuando él decida, sino que, además, con su actitud consolida el sistema de propia opresión en el que vive.

Romper esa relación de poder significa quebrar la raíz del patriarcado: una mujer seductora, dueña de su cuerpo, que cree y condiciona una relación entre iguales es una lacra y es culpable de todos los males del mundo. La sociedad se encarga de moldear unos cánones en los que no encaja ese tipo de mujer destinada al suplicio de las relaciones sexuales forzadas o del ostracismo absoluto. Mujeres que se quejan de que sus parejas masculinas rechazan sus intentos de acercamiento sexual, fracasos insípidos en los encuentros en los que la mujer marca sus preferencias sin pudor…, son infinitos ejemplos de cómo responden los hombres ante una sexualidad que no está marcada por el género.

El matrimonio, la familia, la fidelidad... han sido otras formas de garantizar esa fábrica de herramientas patriarcales que son los hijos. Contra ello ha luchado el movimiento feminista desde sus orígenes y contra sus logros el patriarcado ha aprovechado los avances tecnológicos para imponernos la reproducción asistida en cuyo extremo de ignominia está el uso de mujeres pobres para gestar y comprarles sus bebés.

Rayos, gritos, helor, y hasta personas[20]

Por tanto...

Durante los años de vida y flotación casi perfecta por los que discurrió mi maravillosa veintena, mis relaciones afectivo-sexuales se movieron en danza armoniosa por encuentros casuales, divertidos y llenos de dulce igualdad en la mayoría de las ocasiones. Aunque no puedo negar que hubo reveses desagradables, quedaban ensombrecidos por el bosque espeso y florido del resto de aventuras repletas de esa grandiosa experimentación de aquella dorada edad.

El intento de violación pudo ser, quizá, la llave que abrió la cerradura de la puerta que mantenía ocultos los sucios y pesados ropajes patriarcales que empañarían posteriores relaciones. Pero muy a pesar de ello, el feminismo en mi vida privada sembró un campo de protección que toda mujer debería llevar consigo para arrancar la raíz de esa arma poderosa que es el género.

20.- Carmen Conde: *Dominio*

Mi no vida[21]

Tus manos fueron palabras sobre mi cuerpo: me contaban historias de viejos rencores y ancestros conservadores y de olor a rabia y animosidad, pero yo solo escuchaba flautas dulces de Hamelin, porque mi piel había sido esculpida durante milenios para ser muro de tan atroces pinturas negras. No hubo arte en tu cuidado ni belleza en tus mañas, solo ruindad y ecos de antiguos tambores sexuales de guerra. No hubo originalidad, ni creatividad, solo un recitado memorístico de versos infectos con rima asonante en la ignominia.

Construiste esa prisión de barrotes personalizados e invisibles en la que procuraste retenerme por el solo disfrute de mi sumisión y engorde de tu perverso narcisismo. Fabricaste una tortura psicológica que durante quince años me conservó custodiada por tus delirios; pero yo logré huir porque no estoy sola: soy feminista. El feminismo, como a tantas, me salvó la vida.

Cada una de las cicatrices aún supurantes de tus vómitos de odio es un grito de liberación que ni tú ni nadie podrá callar nunca más. De todas las secuelas de tus destrucciones nacerán armas invencibles contra la férrea estructura que te facilitó el trabajo. Tus laceraciones invisibles no serán estériles, pero sus frutos no son los que sembraste y eso es lo que más temes y lo más inquietante de la ecuación que forman tus conductas. Aunque me cueste la vida expulsarte de mi cuerpo, ten por seguro que lo haré y el barbecho hará un campo apropiado para el placer infinito del alto vuelo libre.

Seguirás dañando y tratando de destrozar vidas, pero el hormiguero feminista que no cesa recuperará la sal de cada una de esas víctimas para hacer tu labor demoledora cada vez menos productiva en su intención. Y de cada mujer

---

21.- https://bruxabona.com/2021/12/05/mi-no-vida/

destrozada por otros oportunistas como tú surgirán cien mil guerreras que formarán un ejército para poner fin a esta ancestral masacre patriarcal.

Y tú morirás solo, por muchas esclavas que hayas logrado encadenar en el camino, por mucho que en ese momento hayas logrado mantener a la última. Siempre estarás solo y siempre has estado solo.

En este pantano de campos de concentración patriarcales las violencias se diversifican con terrorífica insistencia: desde la eufemística prostitución hasta la violencia íntima constante. Pero ahora las mujeres tenemos muchas armas para detener la barbarie. En la medida que podamos hacerlo con política institucional, lo haremos, pero aún lo haremos más con política personal.

Matar a Narciso[22]

Deleitarse con la música de Róisín Murphy forma una parte muy importante de mi trayectoria melofílica y destaco, de su fantástico disco Róisín Machine, el temazo de Narcisus.

Róisín le da la voz que no tenía a Eco y canta su amor a Narciso reproduciendo el mito sin mayor interpretación que la exigida por la propia forma externa musicada.

Goces y excelencias musicales aparte, viendo el eco, permítaseme la fácil figura que ha tenido en los siglos posteriores el mito de Narciso y todas sus revisiones. Creo que toca entenderlo para poder destruirlo, como decía de los sonetos el gran Nicolás Guillén.

Narciso es un cobarde. Vive ignaro, además, de su pusilanimidad. Y, en esa ignorancia, es como más hiere.

22.- https://bruxabona.com/2020/10/31/matar-a-narciso/

Narciso no ama a nadie más que a sí mismo, antes y después de mirar su reflejo. Ha nacido y crecido en el privilegio masculino y desde ahí elabora y diseña toda su estrategia de destrucción. Ha aprendido con gran maestría que las mujeres son diseñadas para servirlo y amarlo incondicionalmente, también desde el momento de su nacimiento, e incluso antes, si su sexo es sabido. Narciso tiene millones de caras y millones de vidas y millones de cuerpos. Narciso empuña el arma que mata a cada mujer asesinada por ser mujer y lleva también el látigo emocional que sufren en sus almas otras tantas, tantísimas que asusta tanto contarnos que no nos cuentan ni cuentan con nosotras.

Pero Narciso no tiene ningún mérito, ni siquiera es bello, porque no lo necesita. Su belleza es metafórica, es solo una ilusión grabada a fuego por el patriarcado en la mente de la ninfa a lo largo de toda su vida. Narciso no es más que un aprovechado sin moral que martiriza por placer y beneficio propio. Apenas tiene que esforzarse para recoger el fruto de un sistema muy bien estructurado que ha creado unas estrategias fuertes, asociadas a las emociones, para que la clase sexual oprimida, la mujer, esté disponible para él. ´El es quien se erige, asimismo, en una suerte de infernal círculo vicioso, en el ingenio más poderoso del patriarcado para perpetuarse aún en estos tiempos. Antaño era la mera coerción marital, en los últimos siglos es el mito del amor romántico la herramienta machista que moldea a las víctimas para Narciso. Él solo es un artesano que sabe usar muy bien sus herramientas para someter lo que está fabricado para ello.

En algunas ocasiones, Narciso llega a ser torpe y es entonces cuando su perversidad saca los colores a una sociedad que ya no sabe cómo tapar su ignominia. Cuando Narciso golpea es porque su ineptitud le impide doblegar a su abducida de otra manera. Esto ocurre en un número muy reducido de ocasiones. Generalmente no necesita llegar a ello.

Lo peor de todo es que Narciso, la mayor parte de las veces, no se suicida ni vive en el infierno viendo un reflejo que no es el que ama. La realidad es que Narciso muere en la cama, de viejo y cuidado por su víctima.

Sin embargo, Narciso debe morir ya. ¿Qué némesis lo va a matar? Quizá todas, emulando la historia del senado romano con César, debamos clavar una puñalada cada una hasta que no quede una gota de sangre en sus venas.

Si hay algo que realmente salva a las mujeres son otras mujeres. El machismo simbólico viene bombardeándonos desde hace siglos con la ficción cada vez menos creíble de que solo un hombre nos salvará, pero la realidad es muy distinta y las que hemos sabido crecer y sobrevivir en esa fantástica red que tejemos las mujeres entre nosotras damos fe de ello. Las mujeres tenemos amigas confidentes, sostenedoras, fieles, aunque la estructura intente desmontar estas imprescindibles relaciones en nuestras vidas. Las amigas son tan importantes que ayudan incluso sin conciencia feminista. Esas amigas pueden ser, por qué no, primas, hermanas o cuñadas, pero establecen un vínculo nuevo y elegido por nosotras mismas, no heredado.

Tan importante para nosotras es saber conservar esas mujeres que nos hacen esta vida de sufrimiento y supervivencia que es nacer mujer más llevadera, como aprender a librarse de las personas, sobre todo hombres, que están a nuestro lado para recordarnos cuál es el papel que la sociedad ha decidido que debemos interpretar en este juego injusto.

Sobre la política feminista institucional se escribirán y leerán páginas.

Yo, desde este luminoso rincón del feminismo interior dejo mis palabras, que es lo único que nunca nos podrán quitar, para contribuir a hacer la senda de libertad que todas deberíamos seguir por haber nacido mujeres.

Acerca de la autora

Véase mi perfil en la página de mi web,
bruxabona.com,
https://bruxabona.com/about/